U0750584

The Leisure Agriculture
Training Materials

《休闲农业培训教材》编委会

主　　任　陈玉林
副 主 任　杨大双　武　荣
委　　员　郭　其　陈彩云　周　蓉　李　钊
　　　　　刘国民　吴　薪　陈玉山

主　　编　陈玉林
副 主 编　杨大双　武　荣
编写人员　郭　其　陈彩云　周　蓉　李　钊

休闲农业
培训教材
The Leisure Agriculture
Training Materials

主编 陈玉林

黄河出版传媒集团
阳光出版社

图书在版编目(CIP)数据

休闲农业培训教材/ 陈玉林主编. — 银川：阳光出版社,2010.9
(2011.4 重印)

ISBN 978-7-80620-729-1

Ⅰ.①休… Ⅱ.①陈… Ⅲ.①农业 — 旅游资源—资源开发—中国—技术培训—教材 Ⅳ.①F592.3

中国版本图书馆 CIP 数据核字(2010)第 188903 号

休闲农业培训教材　　　　　　　　　　　　　　　陈玉林　主编

责任编辑　屠学农　金佩霞
封面设计　张　宁
责任印制　岳建宁

黄河出版传媒集团
阳光出版社　出版发行

地　　址　银川市北京东路 139 号出版大厦(750001)
网　　址　www.yrpubm.com
网上书店　www.hh-book.com
电子信箱　yangguang@yrpubm.com
邮购电话　0951-5044614
经　　销　全国新华书店
印刷装订　宁夏精捷彩色印务有限公司
印刷委托书号　(宁)0007791

开　　本	787mm×1092mm 1/16
字　　数	240 千　　　印　　张　7.5
版　　次	2010 年 9 月第 1 版　　印　　次　2011 年 4 月第 2 次印刷
书　　号	ISBN 978-7-80620-729-1/F·3
定　　价	26.80 元

前言
Qian Yan

随着人们收入水平的提高、闲暇时间的增多、生活节奏的加快以及竞争的日益激烈,消费者更加渴望多样化的旅游休闲,尤其希望能在典型的农村环境中放松自己。由此,农业与旅游业边缘交叉的新型产业——休闲农业应运而生。20世纪70年代中后期,我国台湾和日本等率先提出"休闲农业"农业经营模式;90年代,我国休闲农业在大中城市迅速兴起并逐渐普及。

我国休闲农业从起步到现在大体上经历了萌芽起步、初步发展、较快发展和规范提高四个阶段,并正在经历五个重大转变。一是在发展上,从农民自发发展,向各级政府规划引导转变;二是从休闲功能上看,从简单的"吃农家饭、住农家院、摘农家果",向回归自然、认识农业、怡情生活等方向转变;三是从空间布局上看,从最初的景区周边和个别城市郊区,向更多的适宜发展区域转变;四是从经营规模上看,由一家一户一园的分散状态,向园区和集群发展转变;五是从经营主体上看,从以农户经营为主,向农民合作组织经营、社会资本共同投资经营发展转变。发展休闲农业，对于农业来说，有利于促进农业产业结构调整，拓宽农业发展的内涵和外延，发挥农业在生态保护、观光休闲、文化传承等方面的特殊功能，加快构建与国际接轨的现代农业体系；对于农村来说，有利于吸引城市的人流、资金流和信息流，打破城乡二元结构，建立以旅助农、以城带乡的长效机制，培育农村经济新的增长点；对于农民来说，则有利于开阔视野、更新观念、扩大就业、增加收入，实现富余劳动力的就地转移。

近年来，党中央、国务院十分重视休闲农业发展。2007年中央1号文件就明确指出："适应人们日益多样化的物质文化需求，因地制宜地发展特而专、新而奇、精而美的各种物质、非物质产品和产业，特别要重视发展园艺业、特种养殖业、乡村旅游业。"农业部也明确提出："积极拓展农村非农就业空间，发展家庭工业等多种形式的乡村工业和农村服务业，开展休闲农业、旅游农业试点示范工作。"目前，农业部已开始编制"十二五"休闲农业发展规划，启动休闲农业与乡村旅游示范创建活动，并明确提出要进一步组织开展行政管理部门和企业经营者、休闲农业从业人员和专业技术人员培训，争取利用3~5年时间，对各级休闲农业行政管理部门人员和重点企业经营管理人员及专业技术人员轮训一遍，加快提高休闲农业工作水平和经营管理能力。

西部大开发，产业发展是关键，而休闲农业又是农村第二、第三产业的主要组成部分。在全区深入实施西部大开发战略之际，我们针对休闲农业从业人员和专业技术人员及时编写了《休闲农业培训教材》，内容主要涉及休闲农业的相关背景知识和休闲农业从业人员、专业技术人员所应具备的相关技能知识和素质要求。相信这本书的出版将对宁夏休闲农业发展起到一定的推动作用。

本书由陈玉林主编，参加本书编审的同志有杨大双、武荣、郭其、陈彩云、周蓉、李钊等。

由于编者水平有限，疏漏之处在所难免，敬请大家批评指正。

编　者
2010年7月

目 录

CONTENTS

第四章　休闲农业餐饮服务

第一章　休闲农业

第一节　休闲农业的概念、特点、功能

一、休闲农业的概念

（一）休闲农业概念

休闲农业是利用农业自然环境、田园景观、农业生产、农业经营、农耕文化、农业设施、农家生活等资源，为游客提供观光、休闲、体验等多项需求的农业经营活动。休闲农业也是以农业为基础，以休闲为目的，以服务为手段，以城市游客为目标，农业和旅游业相结合，第一产业和第三产业相结合的新型产业形态。

休闲农业还是深度开发农业资源潜力，调整农业结构，改善农村环境，增加农民收入的新途径。

（二）乡村旅游的概念

乡村旅游是指在乡村范围内，利用乡村自然环境、农林牧渔生产、民俗节庆、民族风情、农村文化、村落古镇、农家生活等资源，通过科学规划和开发设计，为游客提供观光、休闲、度假、体验、娱乐、健身等多项需求的旅游经营活动。从广义的观点来看，乡村旅游既包括休闲农业、民俗旅游、民族风情旅游、休闲度假旅游、农家乐旅游，还包括乡村自然生态旅游、回归自然养生旅游。乡村旅游是一种区域性的综合性旅游，带有很强的地方性和乡土性，也有丰富的文化内涵。

二、休闲农业的特点

我国休闲农业与乡村旅游是融农业与旅游业于一体的一种新型的生产经营方式。在农业、旅游业以及生态等各方面和谐发展的目标下，它具有其自身非常显著的特点。

（一）休闲农业是发生在乡村地区

以乡村自然资源、农业资源、人文资源、民俗文化资源为休闲吸引物的休闲经营活动，乡村特色和乡土风情是休闲农业的突出特点。

（二）休闲农业的目标市场是城市

休闲旅游的游客大多来自经济发达的大中城市。城市是乡村的客源地,面向城市市场,为城市游客服务,是休闲农业的主要任务。

（三）休闲农业具有强烈的休闲性

到乡村休闲大多是利用双休日和节假日,是城市居民周期性调节生活方式的重要选择之一,是一种以休闲为目的的短途旅游。

（四）休闲农业的形式是自由性的

休闲者主要采取自我服务的组织形式,以单位、家庭和亲朋好友为主要团体形式,自己选定休闲地点和休闲路线,休闲的活动安排比较宽松。

（五）休闲农业具有参与性

休闲农业除了观光欣赏以外,还为游客提供实践和参与的机会,增加游客对农村的认识和对农村生活、生产的体验。

（六）休闲农业具有时空性

休闲的时间多为春、秋两季,由于有适宜的气候条件,是出游的旺季;而夏季和冬季,由于气温高低变化,是出游的淡季。在区域上,南方一年四季气候适宜,休闲旅游均旺;北方由于冬季寒冷,适宜开展冬季性休闲和民俗旅游。

（七）休闲农业更贴近自然

乡村自然环境优美,山好、水好、空气好,是城里人回归自然、感悟自然、融合自然的好去处。

02

三、休闲农业的功能

无论是传统农业还是休闲农业,生产是主要的基本功能。休闲农业企业的开发和运行都不能脱离农业生产这一主要功能,在这个基础上,休闲农业与乡村旅游还具有其他一些重要功能。

（一）经济功能

休闲农业可以为游客提供优质、绿色、生态、安全、健康的农产品,满足游客对休闲食品的需要。

（二）游憩功能

休闲农业与乡村旅游可以为游客提供观光、休闲、体验、娱乐、度假等各种活动的场所和服务。

（三）社会功能

休闲农业可以促进城乡交流,增进农村社会发展,提升农民生活品质,有利于缩小城乡差距。

（四）教育功能

休闲农业可以为游客提供了解农业文化,学习农业知识、参与农业生产活动、感受农业景观的户外教学场所。

（五）环保功能

休闲农业可以保护和改善生态环境,维护自然景观生态,提升环境品质,并为游客进行现场的环保教育。

（六）医疗功能

休闲农业园区景点具有优美的自然环境,新鲜的空气、宁静的空间、生生不息的动植物、遍地绿色的草木以及随处的鸟语花香,是最适合调剂身心及养生保健的场所。

（七）文化功能

休闲农业、农村民俗文化、生活文化和产业文化相结合,可以为游客提供各种农村文化活动,促进农村文化发展。

第二节　我国休闲农业发展历程

一、休闲农业发展阶段

我国休闲农业兴起于改革开放以后,开始是以观光为主的参观性农业休闲。20 世纪 90 年代以后,开始发展观光与休闲相结合的休闲农业。进入 21 世纪,观光与休闲农业有了较快的发展。回顾我国休闲农业发展的过程,大致可以分为三个阶段。

（一）第一阶段:早期兴起阶段（1980 年～1990 年）

该阶段处于改革开放初期,靠近城市和景区的少数农村根据当地特有的休闲农业资源,自发地开展了形式多样的农业观光休闲,举办荔枝节、桃花节、西瓜节等农业节庆活动,吸引城市游客前来观光休闲,增加农民收入。如广东深圳市举办了荔枝节活动,吸引城市游客前来观光旅游,并借此举办招商引资洽谈会,收到了良好效果。河北涞水县野山坡景区依托当地特有的自然资源,针对京津唐游客市场推出"观农家景、吃农家饭、住农家屋"等项休闲活动,有力地促进了当地农民脱贫致富。

（二）第二阶段:初期发展阶段（1990 年～2000 年）

该阶段正处在我国由计划经济向市场经济转变的时期,随着我国城市化发展和居民经济收入提高,消费结构开始改变,在解决温饱之后,有了观光、休闲、旅游的新要求。同时,农村产业结构需要优化调整,农民扩大就业,农民增收提到日程。在这样的背景下,靠近大中城市郊区的一些农村和农户利用当地特有农业资源环境和特色农产品,开办了以

观光为主的观光休闲农业园和民俗户,开展采摘、钓鱼、种菜、野餐等多种旅游活动。如北京锦绣大地农业科技观光园、上海孙桥现代农业科技观光园、广州番禺区化龙农业大观园、河北北戴河集发生态农业观光园、江苏苏州西山现代农业示范园、四川成都郫县农家乐、福建武夷山观光茶园等。这些观光休闲农业园区,吸引了大批城市居民前来观光休闲,体验农业生产和农家生活,欣赏和感悟大自然。

(三)第三阶段:规范经营阶段(2000 年至今)

该阶段处于我国人民生活由温饱型向全面小康型转变的阶段,人们的休闲旅游需求开始强烈,而且呈现出多样化的趋势。

1.人们更加注重亲身的体验和参与,很多"体验休闲""生态旅游"的项目融入农业旅游项目之中,极大地丰富了休闲农业旅游产品的内容。

2.人们更加注重绿色消费,休闲农业项目的开发也逐渐与绿色、环保、健康、科技等主题紧密结合。

3.人们更加注重文化内涵和科技知识性,农耕文化和农业科技性的旅游项目开始融入观光休闲农业园区。

4.政府积极关注和支持,组织编制休闲农业发展规划,制订评定标准和管理条例,使休闲农业开始走向规范化管理,保证了休闲农业健康发展。

5.休闲农业的功能由单一的观光功能开始拓宽为观光、休闲、娱乐、度假、体验、学习、健康等综合功能。

二、休闲农业发展现状与分布

(一)规模与结构

20 世纪 80 年代,我国观光农业开始萌芽,经历了 90 年代的初期发展,到 21 世纪初,我国休闲农业已进入一个全面发展时期。休闲景点增多,规模扩大,功能拓宽,分布扩展,呈现出一个良好的发展新态势。2004 年,为了推动全国观光农业的发展,国家旅游局对全国农业旅游示范点进行了评选,选出 203 个农业旅游示范点。2005 年,又进行了第二次评选,选出休闲农业旅游示范点 156 个。目前共评选出休闲农业示范点 359 个。其中:农业观光点 112 个,占 31.20%;农业科技观光点 60 个,占 16.71%;农业生态观光点 56 个,占 15.60%;民俗文化点 20 个,占 5.57%;休闲度假村(山庄)26 个,占 7.24%;古镇新村 39 个,占 10.86%;农家乐 18 个,占 5.01%;自然景区 28 个,占 7.80%。

(二)地域分布

2004 年和 2005 年评选出的 359 处休闲农业示范点遍布全国 31 个省市,其中,从中、东、西三大区域分布来看,东部地区 195 个,占 54.32%;中部地区 68 个,占 18.94%;西部地区 96 个,占 26.74%。从省、市、区分布来看,最多的是山东 55 个,江苏 43 个,占辽宁 34

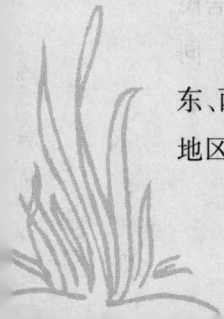

个,贵州 18 个,安徽、四川各 17 个,河北 15 个,浙江、广东各 14 个,山西 13 个,河南 12 个,广西 11 个,内蒙古、新疆各 10 个,黑龙江、重庆各 9 个,北京、甘肃各 7 个,湖北、云南各 6 个,江西、上海各 5 个,其余均在 5 个以下。

第三节　休闲农业发展背景条件分析

一、休闲农业发展背景

我国政府十分重视休闲农业的发展,2004 年胡锦涛总书记视察上海时指出"要发展休闲农业旅游、生态旅游,促进农民增收"。2005 年时任国务院副总理吴仪在全国旅游工作会议上指出"旅游业发展要有新思路,要把旅游业与解决'三农'问题结合起来,积极开发农村休闲旅游资源,大力发展农业旅游"。2006 年,我国"十一五"发展规划也提出,在推进社会主义新农村建设中,要发展休闲农业。所有这些对发展我国休闲农业具有重要的指导意义。

我国是一个农业大国,又是一个乡村大国,发展休闲农业具有四大优势:

1.我国乡村自然景观多样、优美,生态环境好。

2.农业历史悠久,农业景观类型多样,地区差异显著。既有南方的水乡农业景观,又有北方平原的旱作农业景观;既有沿海发达地区及大城市郊区的农业景观,又有西北干旱区的绿洲农业和草原牧业景观。

3.民族文化和民俗文化丰富。中国农村特色的农耕文化、民俗风情、田园生活、乡村风貌、农果品尝、文化娱乐等人为景观,开发潜力大。

4.随着城市化发展,到乡村旅游的城里人会越来越多,有巨大的客源市场。农业和农村分布着全国 70%以上的休闲农业资源,大力发展休闲农业产业,对拓展农业功能、调整农村产业结构、建设现代农业具有重要的作用;对培育新型农民、促进农村剩余劳动力就地转移、增加农民收入具有重要的意义。因此,中国发展休闲农业的条件优越,内容丰富,潜力巨大,前景十分广阔。中国未来不仅应是旅游大国、旅游强国,而且也应成为休闲农业大国、休闲农业强国。展望未来,具有中国特色的休闲农业将会在中国大地上蓬勃发展、壮大,成为具有生命力的乡村新型产业。

二、休闲农业发展目标

促进休闲农业发展,必须认真贯彻落实科学发展观,按照"生产发展、生活宽裕、乡风文明、村容整洁、管理民主"的社会主义新农村建设总体要求,因地制宜,科学规划,突出

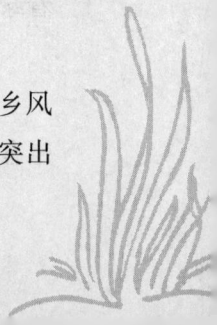

特色,着力完善基础条件,强化公共服务,提升发展水平,丰富休闲农业产品,形成政府引导、农民主体、社会推动、充满活力的休闲农业和乡村旅游发展新局面,有力地促进社会主义新农村建设和国民经济的发展。

发展休闲农业,要坚持与新农村建设相结合,以增加农民收入为中心任务,促进农村物质文明和精神文明的全面提升;坚持以农为本,不脱离农民,不脱离乡土,不脱离当地资源条件,不脱离发展阶段,紧紧围绕农业生产过程、农村风情风貌开发休闲旅游产品;坚持可持续发展,突出自然生态,体现乡土气息,培植现代文明,增强乡村旅游吸引力和感染力;坚持开发和保护并举,注重做好农村生态环境、非物质文化遗产的保护,避免盲目发展、低层次竞争造成的环境污染和资源破坏。

发展休闲农业的总体目标是:构建结构合理、特色明显、服务良好、发展规范的休闲农业新格局,基本满足城乡居民休闲度假和观光旅游需求。到2010年,培育100个优势明显、管理规范、农民广泛参与的休闲农业和乡村旅游重点县、1000个重点乡(镇)、10000个重点村,休闲农业和乡村旅游业年接待客人超过5亿人(次),农民从中直接获益超过1600亿元,年均新增直接就业35万人、间接就业150万人,从业农民年均收入增长10%以上。

第四节　休闲农业发展模式和类型

一、田园农业模式

田园农业旅游模式以农村田园景观、农业生产活动和特色农产品为旅游吸引物,开发农业游、林果游、花卉游、渔业游、牧业游等不同特色的主题旅游活动,满足游客体验农业、回归自然的心理需求。主要类型有:

(一)田园农业游

以大田农业为重点,开发欣赏田园风光、观看农业生产活动、品尝和购买绿色食品、学习农业技术知识等休闲活动,以达到了解和体验农业为目的。如上海孙桥现代农业观光园、北京顺义"三高"农业观光园等。

(二)园林观光游

以果林和园林为重点,开发采摘、观景、赏花、踏青、购买果品等旅游活动,让游客观看绿色景观,亲近美好自然。如四川泸州张坝桂园林等。

(三)农业科技游

以现代农业科技园区为重点,开发观看园区高新农业技术、温室大棚内设施农业和生态农业,使游客增长现代农业知识。如北京小汤山现代农业科技园等。

（四）参与体验游

通过参加农业生产活动，与农民同吃、同住、同劳动。让游客接触实际的农业生产、农耕文化和特殊的乡土气息。

二、科普教育模式

利用农业观光园、农业科技生态园、农业产品展览馆、农业博览园或博物馆，为游客提供了解农业历史、学习农业技术、增长农业知识的旅游活动。主要类型有：

（一）农业科技教育基地

在农业科研基地的基础上，利用科研设施作景点，以高新农业技术为教材，向农业工作者和中小学生进行农业技术教育，形成集农业生产、科技示范、科研教育为一体的新型科教农业园。如北京昌平区小汤山现代农业科技园、陕西杨凌全国农业科技农业观光园等。

（二）观光休闲教育农业园

利用当地农业园区的资源环境、现代农业设施、农业经营活动、农业生产过程、优质农产品等，开展农业观光、参与体验，DIY教育活动。如广东高明蔼雯教育农庄。

（三）少儿教育农业基地

利用当地农业种植、畜牧、饲养、农耕文化、农业技术等，让中小学生参与休闲农业活动，接受农业技术知识的教育。

（四）农业博览园

利用当地农业技术、农业生产过程、农业产品、农业文化进行展示，让游客参观。如沈阳市农业博览园、山东寿光生态农业博览园等。

三、农家乐模式

农民利用自家庭院、自己生产的农产品及周围的田园风光、自然景点，以低廉的价格吸引游客前来吃、住、玩、游、娱、购物等旅游活动。

（一）农业观光农家乐

利用田园农业生产及农家生活等，吸引游客前来观光、休闲和体验。如四川成都龙泉驿红砂村农家乐、湖南益阳花乡农家乐等。

（二）民俗文化农家乐

利用当地民俗文化，吸引游客前来观赏、娱乐、休闲。如贵州郎德上塞的民俗风情农家乐。

（三）民居型农家乐

利用当地古村落和民居住宅，吸引游客前来观光旅游。如广西阳朔特色民居农家乐。

（四）休闲娱乐农家乐

以优美的环境、齐全的设施、舒适的服务，为游客提供吃、住、玩等旅游活动。如四川成都郫县农科村农家乐。

（五）食宿接待农家乐

以舒适、卫生、安全的居住环境和可口的特色食品，吸引游客前来休闲旅游。如江西景德镇的农家旅馆、四川成都乡林酒店等。

（六）农事参与农家乐

以农业生产活动和农业工艺技术，吸引游客前来观光休闲。

四、民俗风情模式

以农村风土人情、民俗文化为旅游吸引物，突出农耕文化、乡土文化和民俗文化特色，开发农耕展示、民间技艺、时令民俗、节庆活动、民间歌舞等旅游活动，增加乡村休闲的文化内涵。主要类型有：

（一）农耕文化游

利用农耕技艺、农耕用具、农耕节气、农产品加工活动等开展农业文化旅游。如新疆吐鲁番坎儿井民俗园。

（二）民俗文化游

利用居住民俗、服饰民俗、饮食民俗、礼仪民俗、节令民俗、游艺民俗等，开展民俗文化游。如山东日照任家台民俗村。

（三）乡土文化游

利用民俗歌舞、民间技艺、民间戏剧、民间表演等，开展乡土文化游。如湖南怀化荆坪古文化村。

（四）民族文化游

利用民族风俗、民族习惯、民族村落、民族歌舞、民族节日、民族宗教等，开展民族文化游。如内蒙古呼伦贝尔金帐汗旅游部落。

五、村落乡镇模式

以古村镇宅院建筑和新农村建设格局为休闲吸引物，开发观光旅游。主要类型有：

（一）古民居和古宅院游

大多数是利用明、清两代村镇建筑来发展观光旅游。如山西王家大院和乔家大院，福建闽南土楼等。

（二）民族村寨游

利用民族特色的村寨发展观光旅游。如云南瑞丽傣族自然村、红河哈尼族民俗村等。

（三）古镇建筑游

利用古镇房屋建筑、民居、街道、店铺、古寺庙、园林来发展观光旅游，如山西平遥、云南丽江、浙江南浔、安徽徽州镇等。

（四）新村风貌游

利用现代农村建筑、民居庭院、街道格局、村庄绿化、工农企业来发展观光旅游。如北京韩村河、江苏华西村、河南南街等。

六、休闲度假模式

依托自然优美的乡野风景、舒适怡人的清新气候、独特的地热温泉、环保生态的绿色空间，结合周围的田园景观和民俗文化，兴建一些休闲、娱乐设施，为游客提供休憩、度假、娱乐、餐饮、健身等服务。主要类型有：

（一）休闲度假村

以山水、森林、温泉为依托，以齐全、高档的设施和优质服务，为游客提供休闲、度假旅游。如广东梅州雁南飞茶田度假村。

（二）休闲农庄

以优越的自然环境、独特的田园景观、丰富的农业产品、优惠的餐饮和住宿，为游客提供休闲、观光旅游。如湖北武汉谦森岛庄园。

（三）乡村酒店

以餐饮、住宿为主，配合周围自然景观和人文景观，为游客提供休闲旅游。如四川郫县友爱镇农科村乡村酒店。

七、回归自然模式

利用农村优美的自然景观、奇异的山水、绿色森林等资源，发展登山、观山、赏景、森林浴、滑雪、滑水等休闲活动，让游客感悟大自然、亲近大自然、回归大自然。主要类型有：水上乐园、露宿营地等。

第五节 休闲农业发展对策

我国休闲农业发展过程中存在科学化重视不够；档次不高，品位偏低；管理不够规范，服务水平不高；服务人员缺少培训，素质不高；政府扶持力度不够等问题。为解决这些问题，促进休闲农业健康、稳定、持续发展，必须采取如下对策：

一、提高认识，加强领导

1.要认识休闲农业是推动农业转型，促进农业结构调整，增加农民收入，建设新农村的有效途径。

2.要认识开发农业多功能的必要性，在发展农业、开发生产功能的同时，还应开发农业的生活功能和生态功能。

3.要重视农耕文化、民俗文化和农家文化的挖掘和保护。

4.要认识到发展休闲农业，可以带动住宿、运输、餐饮、商业等服务业发展，扩大农民就地就业。

5.要认识发展休闲农业对推动城乡统筹、协调发展的作用。认识提高了，就会自觉地、积极地领导和支持休闲农业的发展。

二、搞好科学规划，突出乡村特色

规划是发展的龙头，是指导发展的科学依据。发展休闲农业与乡村旅游，首先要制订科学的发展规划，制订休闲农业与乡村旅游发展规划。

1.坚持科学发展观，贯彻"开发与保护相结合、生态效益与经济效益相结合、近期与远期相结合、因地制宜、合理布局、突出特色的原则"。

2.认真调查和分析本地区的区位条件、资源优势、市场客源及周围环境条件，明确区域功能定位，制订发展方向和发展目标，构建主导产业，树立休闲农业与乡村旅游品牌。

3.重视乡村文化资源的开发，突出乡村特色，增强休闲农业与乡村旅游产品的文化内涵。

4.重视乡村生态环境的保护，防止对生态环境和景观的破坏性开发，强化对原生态环境的保护。

5.密切结合当前新农村建设的要求，做好新农村建设规划，促进农村社会经济全面发展。

三、加强规范化管理，提高服务水平

1.要建立和完善领导体制，充分发挥旅游、农业、土地、文化、交通等各部门的作用，分工负责，协调管理。

2.制订休闲农业与乡村旅游产业发展标准，从资源、环境、市场、服务、交通、效益等多方面进行规范管理。

3.建立各种规章制度，从项目审批、人员上岗、安全和卫生保障、价格制订、经营管理、接待服务等各方面都按规章办事。

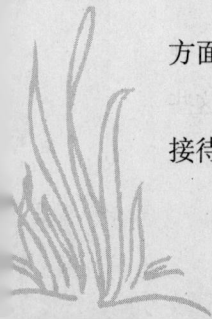

4.要加强人员培训,提高管理人员的服务意识、业务能力及服务水平。

5.根据规范标准,定期进行评估,实行优者奖励和支持制度。

四、拓宽投资渠道,完善基础设施

发展休闲农业与乡村旅游应该采取多元化投资方式,首先是政府要加大投资力度,特别是区域性基础设施应作为投资的重点。各银行和农村信用社也应把支持休闲农业与乡村旅游发展作为信贷支农重点。同时,也可以吸引国内和国外企业或公司的资金,以股份制或合资经营等方式进行经营。完善基础设施主要是搞好乡村交通、通信、供水、供电、环境治理、安全保障等,并规范住宿设施、饮食设施、卫生设施、安全设施等建设标准要求,做到设施齐全、标准规范、健康发展。

五、加大宣传,促进营销

为扩大游客市场,要增加营销投入,利用各种宣传媒体,如广播、电视、报纸等进行宣传促销。利用农村节庆假日,组织观光旅游,举办展览会和科普培训等活动进行宣传。加强与旅行社及周边景点、景区的合作,扩大休闲农业与乡村旅游市场,以吸引更多的游客。

第二章 休闲农业园林绿化

第一节 休闲农业企业园林绿地的种植形式与植物配置方法

一、园林绿地种植形式

(一)规则式

规则式又称整形式、几何式、图案式等。是指园林植物种植成整齐的行或列,且行列间距相等,或种植成规整形状或对称种植。

规则式种植形式多出现在规则式园林中,多以修建规整的绿篱、整形树、模纹景观及整形草坪等来表现。常见的有平整的草坪,以直线或以几何曲线形规整绿篱作为边缘;模纹花坛或组成大规模的花坛组群。

按照是否成对称形式,规则式又分为对称式与不对称式两种类型。规则对称式是指植物除了个体形态一致或相似,其平面布置有明显的中轴线或对称中心,或形成规则图案。这种形式通常用于规则园林或纪念性园林、广场、交通环岛等较为规则或气氛严肃的园林绿地中。规则不对称式种植形式在平面布置上没有明显的中轴线或对称中心,景观具有一定变化,比对称式活泼而具有动感,常用于街头绿地、小游园等对轴线或对称中心要求不严格的园林中。

(二)自然式

自然式是相对于规则式而言的。此种植形式没有明显的轴线、对称中心或直线,自然流畅的曲线占了主导地位。具体表现为:植物保持原有个体形态;植物种植分布自由变化,没有固定的株行距,没有对称关系,疏密有致;竖向景观富于变化,错落有致。总的来说,自然式种植形式是以自然界植物生态群落为蓝本,充分发挥树木自然生长的姿态及其生态习性,以人工种植模拟自然,应用植物种类丰富,形式变化多样,创造出生动、活泼、逼真的自然植物景观。

在综合性公园、庭院、街头游园、居住区绿地等园林绿地中常见,用树林草地、自然式花坛、花境等方式,表现自然式植物群落。

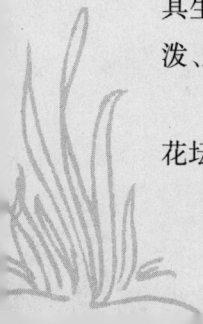

（三）混合式

混合式是自然式与规则式相结合的一种种植形式。如果大面积采用规则式会感觉单调，相反，如果大面积采用自然式会因中心景观不突出而使景观变得平庸。因此，在园林中通常以规则式与自然式混合应用，以达到良好的景观效果。

从应用所占的比例上，自然式与规则式混合应用可以有三种情况：第一种是以自然式为主，即在大面积自然式园林中穿插规则式；第二种是以规则式为主，即大面积规则式园林中穿插自然式；第三种是自然式与规则式应用比例相当。只有第三种方可称为混合式。

混合式的特点：既有整齐划一的规则式效果，又不乏活泼轻快的自然式特色，既有自然美又有人工美，在城镇绿化中应用较为广泛。

二、各种园林植物的应用

（一）乔木

1.乔木的规则式绿化　一般用于道路绿化、入口处、广场、规则式园林、绿篱（高篱）等。其形式整齐，格局鲜明，具有强调、引导、边界等作用。

用于道路尤其是公路绿化时，有遮荫和强调道路线性空间的作用，常用较为高大、冠幅饱满的乔木，如悬铃木、泡桐、香樟、白蜡等。在北方公路绿化中较多采用落叶树，也有用针叶树的，如天安门前大街就是别有特色的油松道路绿化；在庭荫路的绿化中也常用常绿树种，如侧柏、圆柏等。有时为了强调入口或大门，在入口两侧规则式种植乔木，北方多采用雪松、油松、虎皮松等景观效果好的树种，南方多采用棕榈、王棕等。广场特别是规则式广场和规则式园林中，乔木的种植，或者沿边线，或者成树阵式，或者形成几何图形。绿篱（高墙）往往出现在规则式园林中，是乔木的一种特殊用法，多采用常绿树种，如侧柏、圆柏、榕树等。

2.乔灌木的自然式搭配绿化　在城市绿化中较为常见，可以体现出植物群落的丰富层次，使城市绿化景观自然、活泼、富有动感。

（二）灌木

灌木绿化的自然式种植较为常见，出现在街头、公园、居住区等绿地中，面积小时三五成丛，面积大时成群散植，疏密有致，层次丰富。灌木的规则式种植一般用于道路绿化和镶边的形式，如规整的黄杨球成行成列、修剪成形的绿篱等。

（三）藤本

其实藤本绿化没有什么规则不规则，它本身的生长就是自然的，只是人为的设计中使它所攀爬的承载物是规则的。例如，在入口或广场上两个对称的廊架，或者说同一个藤架有规则或对称图案的藤蔓设计等，这些尚且可以称为规则式，除此之外均以自然式为主。

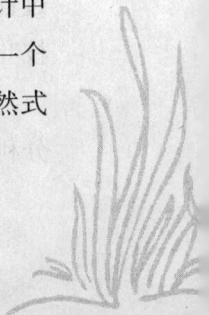

（四）花卉

花卉应用形式很多。平面式花坛多以规则式为多，呈现出一定的几何图案；立体式花坛多结合平面式花坛，以立体花坛为中心，展现一个主题；花境则多以自然式为多，呈现出繁华似锦的景观，也有规则式的，主要以对称式流线形图案表现。

在绿地中，花卉有许多种植形式，主要有花坛、花境、花丛这三种形式。

1.花坛　利用花卉植物的不同形体和丰富艳丽的色彩，将其栽植在一定的几何形状的种植床内的花卉种植形式。选用一年生或多年生花卉，色彩配置由要表达的花坛主题或图案来决定，原则上选用适于本地生长、易于管理的花卉。

2.花境　由多年生花卉为主组成的带状绿地。有多种花卉混栽，混栽原则遵循花卉生长期，尽量做到花境景观不断。

3.花丛　是由 3~5 株甚至 10 多株花卉组成自然式栽植，常用于建筑基础绿化、道路边缘、人口处等，景观表现自然。

（五）草坪与地被

单纯草坪是由一种草坪植物组成；混合草坪由两种以上草坪植物与地被植物组成；缀花草坪是在草坪上自然疏落地点缀低矮开花草花。

三、园林绿化植物配置

（一）配置原则

1.适宜性原则　该原则包含两方面的含义：一是常提到的"适地适树"，二是与绿地性质和功能相适宜。

"适地适树"即根据当地气候、土壤、地理位置等各种环境条件，选择能够健康生长的树种。应多选用乡土树种，这样可以保证树种对环境条件的适应，提高成活率，避免造成经济损失。同时，对于一些经驯化、引种能在当地生长良好的外来树种也可以采用。这些树种常常能够弥补某些当地植物所缺少的特点，如色彩、株形等。

2.艺术性原则　园林绿化不单纯是门科学，也是一门艺术。因此，在进行植物配置时，还要满足景观艺术的要求，从美学角度操作，尽量达到良好的园林艺术效果。

（1）协调的艺术布局　配置植物要从总体着眼，不同形式的园林应采用不同形式的配置，规则式园林植物配置多采用对植、行植、列植，而自然式园林中则采用不对称的自然式配置。因此，要根据局部环境在整体布局中的要求，采用不同种植形式。在配置过程中，要重视植物的景观层次、远近的观赏效果，远观整体，近赏单株树形、花、果实、枝叶等。

（2）丰富的季相变化　所谓季相，是植物在不同季节表现的外貌。园林植物配置要充分利用植物季相特色，尽量达到季季有景，景色各异，表现出园林景观中植物特有的艺术

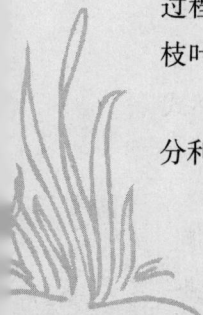

效果。如春季山花烂漫,夏季荷花映日,秋季硕果满园,冬季梅花绽放等。即使以某一季节景观为主的地段,也应该点缀其他季节的植物,使景观连续不断,否则观赏季节过后景色极为单调(表2-1)。

表2-1　园林绿化植物配置

植物名称	观赏特性	观赏期	用　途	适用地区
茶条槭	叶红色,翅果成熟前红色	秋季	观赏树	东北、华北至长江流域
大叶紫薇	花淡红、紫红	夏、秋季	风景、行道树	华南
山茶花	花白、红、粉红色	2~4月份	盆栽、花丛、片植	长江流域及其以南
油茶	花白、红色	10~12月份	灌丛、绿篱	长江及珠江流域
木棉	花大、红色	2~3月份	风景、行道树	华南
石榴	花红色,果红色	5~6月份	观赏树	黄河流域及其以南
乌桕	秋叶红艳	秋季	风景、行道树	长江流域至珠江流域
黄栌	叶红色	秋季	观赏树	华北
月季	花各色	5~10月份	盆栽、庭院绿化	东北南部至华南、西南
贴梗海棠	花红、粉红色,秋果黄色	4月份观花、秋观果	庭院观赏	华北至长江流域
梅	花红、粉、白色	2~3月份	庭院观赏	长江流域及其以南
红叶李	叶紫红色,花淡粉色	3~4月份	风景树	华北至长江流域
日本晚樱	花粉红色	4月份	观赏树、行道树	华北至长江流域
桃	花粉红色	3~4月份	风景树	东北南部、华北至华南
石楠	嫩叶红色,秋冬红果	夏、秋、冬季	庭荫、风景	华东、中南、西南
凤凰木	花大红、橙红色	5~8月份	风景、行道树	两广南部及滇南

续表

植物名称	观赏特性	观赏期	用 途	适用地区
红瑞木	茎枝红色、果白色	春夏秋冬	观赏、丛植	东北、华北
杜鹃	花红色	4～5月份	盆栽、片植	长江流域及其以南
合欢	花粉红色	6～7月份	风景、行道树	华北至华南
夹竹桃	花粉红色	5～10月份	风景、绿篱	长江以南
凌霄	花橘红、红色	7～8月份	垂直绿化	华北及其以南
含笑	花乳黄色、浓香	4～5月份	盆栽、观赏树	长江以南
银桦	花橙黄色	5月中旬	风景、行道树	西南、华南
黄连木	叶橙黄色、红色	秋季	庭荫树、行道树	华北、华南、西南
金丝猴	花鲜黄色	6～9月份	灌丛、花坛、盆栽	华北至华南
腊梅	花黄色,极香	1～2月份	盆栽、观赏树	华北南部至长江流域
台湾相思	花金黄色	4～6月份	风景树极香	华南
枫香	叶红艳	秋季	风景、行道树	长江流域及其以南
葡萄	果紫红色或黄白色	8～9月份	垂直绿化	华北、西北、长江流域
爬山虎	秋叶红色、橙红色	秋季	垂直绿化	东北南部至华南
金钱松	叶金黄色	秋季	风景树	长江流域
栾树	花金黄色	6～7月份	观赏树、行道树	华北至长江流域
全缘栾树	花金黄色,果淡红色	8～9月份	风景、行道树	长江以南
银杏	叶黄色	秋季	行道树、观赏树	沈阳以南、华北至华南
柿	叶红色,果橙黄色	秋季	风景树	东北南部至华南、西南
金钟花	花金黄色	3～4月份	盆栽、丛植	华北至长江流域
金银木	花白色、黄色,秋果红色	5～7月份	观赏树	南北各地
广玉兰	花白色,芳香	6～7月份	风景、行道树	长江流域及其以南

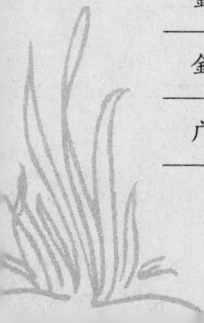

续表

植物名称	观赏特性	观赏期	用　途	适用地区
木本绣球	花白色	5~6月份	庭院观花	华北南部至长江流域
玉兰	花白色	3~4月份	风景、行道树	华北至华南、西南
南天竹	秋冬红果	秋、冬季	庭院观赏、丛植	长江流域及其以南
海桐	花白色,芳香	5月份	花丛、绿篱	长江流域及其以南
木槿	花粉红、白、紫蓝色	7~9月份	灌丛、绿篱	华北至华南
枇杷	果黄色	初夏	庭荫、风景	南方各地
火棘	春季白花,秋冬季红果	春夏秋冬	基础种植	华东、华中、西南
李	花白色,先花后叶,叶红紫色,果黄色	夏、秋季	风景树	南北各地
郁李	花粉白色,果红色	夏、秋季	观赏树	东北、华北至华南
酸枣	花黄绿色,果红色	4~5月份观花、9月份观果	风景树、行道树	黄河及淮河流域
七叶树	花白色	5~6月份	风景树、行道树	黄河中下游至华东
茉莉花	花白色、芳香	6~11月份	花篱、花坛	华南
女贞	花白色	6月份	风景、行道树、绿篱	长江流域及其以南
桂花	花黄白色、浓香	8~9月份	风景、行道树	长江流域、黄河中下游
络石	花白色,芳香	5月份	垂直绿化	长江流域
栀子	花白色,浓香	6~8月份	花篱、花坛	长江流域及其以南
流苏	花白色	5月份	庭荫、丛植、孤植	黄河中下游及其以南
珊瑚树	白花,红果	6月份白花、9~10月份红果	风景树	长江流域及其以南
白皮松	树皮白色雅净	常绿,四季	庭荫树、行道树、园景树	华北、西北、长江流域
日本五针松	针叶蓝绿色	常绿,四季	盆栽	长江中下游
翠柏	刺叶被白粉	常绿,四季	庭院栽植	全国各地

（3）适当的种植密度　树木种植的密度是否合适,直接影响绿化功能的发挥。过密,影响生长;过疏,达不到绿化效果。应从长远考虑,根据植物自身特性,并充分考虑树木的冠幅、生长速度决定种植密度。如果想在短时期内就取得好的绿化效果,种植距离可以近一些,但远期要间伐或抑制,一般常用快、慢生树种混合配置的办法来解决近、远期过渡的问题。

（4）全面考虑植物在形、色、味、声上的效果　植物本身具有形态、色彩、气味的特性,配置时要考虑到这些特性,使整个植物景观风景如画,满园飘香。虽然声响不是植物所特有,但自然天气与植物相结合可以创造出美妙的声音,如雨打芭蕉、听风松涛等。

3.经济性原则　经济原则,即在植物配置中,要适当考虑节约用水的问题,优先选取较耐旱的园林植物,如银杏、臭椿、金银木和黄刺玫等。草坪灌溉用水量很大,要有节制地发展草坪,多选择耐旱节水的草坪草品种,可采用暖、冷季草混播,或选用耐旱的地被植物,如沙地柏、扶芳藤等。乡土树种是坚持园林经济原则、优化植物配置的首选,因为乡土树种适宜当地的气候环境,能够很好地生长,降低了养护管理的成本。

（二）配置方法

1.平面配置的方法

（1）中心植　在广场、花坛、交通环岛等地方的中心,栽植1株或几株树形优美的孤植观赏树木,周围的树丛、灌木或地被采用中心辐射式栽植,以孤植树为中心。

（2）对植　在入口、广场、街道、建筑物等两侧对称栽植,要求树种外形整齐美观,树种统一,规格统一。

（3）行列植　在道路、广场、街道等的边缘,成行或成列地栽植一行或一列、多行或多列的栽植方法。行列式栽植多选用树冠形体比较整齐一致的种类,株行距的大小应根据树的种类和所需要遮荫的郁闭度而定。一般大乔木株行距为5~8米,中小乔木为3~5米,大灌木为2~3米,小灌木为1~2米。若行列植绿篱,一般株行距为0.3~0.5米。

（4）孤植　即单株树孤立种植。孤植树在园林中的作用有两方面:一是满足赏景和构图所需。如视线开阔的大草坪上、花坛中,作为景观视线的焦点。二是作为庇荫。一般选用的孤植树冠幅饱满、特色鲜明、树形优美,如樟树、榕树、雪松、龙柏、悬铃木、合欢、玉兰、海棠、樱花等。

（5）丛植　将树木成丛种植在一起称为丛植。丛植通常是由2~9株乔木不等距离构成,树丛中加入灌木时,可多达15株。丛植树的树种根据绿化功能的需要,可以由单一树种组成,也可以是多种树种组成,通过个体之间的变化,相互衬托,以呈现树木组成的整体美,同时也呈现个体美。丛植树木株行距要有疏密变化,做到不同数量的树木有不同的配置方法。

2株树丛的配置:要求两株树为同一树种,且相距不要太远,距离一般应小于小冠幅树的冠幅。如果距离过大,则变成了两株独立的树。但两株树在大小、形状方面要有差异,

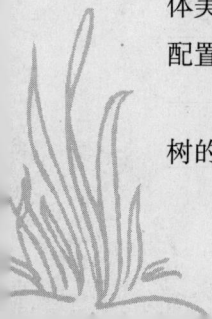

做到既统一又有变化。

3株树丛的配置：最好3株为同一树种，忌用3个不同树种。如果为2个不同树种，最好是同一类型(相差十分悬殊的不可用)，如同为常绿树或同为落叶树种，同为乔木或同为灌木。而且2个树种树体大小相差也不宜太大，最小的1株不要单独为一组栽植。另外，3株的配置，在大小和姿态上都要有对比和差异，栽植时切忌在同一直线上，也不要有两段以上相等的距离。

4株树丛的配置：4株的树丛可采用同一树种，或最多不超过2个树种，并且类型要统一。原则上不要乔灌木、常绿落叶混合配置。相同树种其形态、大小、高矮要有所差别；2个不同的树种，则应选择外形相似的植株，保持一定的协调和统一。

4株树切忌在同一条直线上，或呈正方形、等边三角形种植，应形成不等边、不等角的四边形栽植和不等边的三角形栽植。四株树需看成两组栽植，1∶3组合，即3株靠近为一组，远离的那1株构成第二组，形成不等边四角形或不等边三角形，注意最小的那棵不能单独成1个树种或单独成为一组，并且如果两树种配合时，一种不能单独为1株，应与另外一种构成一组，且在整个构图的中央。

5株树丛的配置：5株同为一个树种时，可以构成不等边五边形，要求每棵树的形态、大小、栽植距离都要不同。5株可以分组配合，分组方式为3∶2与4∶1两种。3∶2配置主体必须在3株的那一组中。3株的组合原则与3株树丛组合相同，2株的组合原则与2株树丛组合相同。两小组组合到一起时，各小组必须各有动势，配合到一起后动势要取得均衡。5株组合方式为4∶1时，其中单株一组的树木不要是最大的，也不要是最小的，且两小组距离不能太远，否则单棵脱离整体。

5株由2个树种组成，采用3∶2配置，两树种分别为2株与3株。

总的来说，5株树丛配置，平面形式基本可以分为2种：一种为不等边五边形，5株各占一角；另一种为4株组成不等边四边形，另一株栽在四边形的中央。

树木的配置，株数越多就越复杂，主要配置方法是：2株、3株与4株树丛是基本组合，4株以上的树丛都是由这三个基本组合组成。配置的关键仍是在统一中求变化，株数越少，树种越不能多用，株数增多可适当增加树种。同理，6株以上的树丛分组后以基本单元进行组合，分组如下。

6株树丛的配置：可以分为2∶4(1∶3)和3∶3两个单元，树种不要超过3种。

7株树丛的配置：可以分为2∶5(1∶4或2∶3)和3∶4(1∶3)两个单元，树种不要超过4种。

8株树丛的配置：可以分为2∶6(2∶4或3∶3)和3∶5(1∶4或2∶3)两个单元，树种不要超过4种。

9株树丛：可以分为2∶7、3∶6和4∶5三个单元，树种不要超过4种。

15 株以下的树丛,树种最好不要超过 5 种,如果外观很相近的树木,可以多用几种,但原则上不要随意增加树种。

(6)群植 即以一两种乔木为主体与数种乔木和灌木搭配,组成较大面积的树木群体,植株数量一般在 20~30 株或以上。树群所表现的主要为群体美,常用布置在有较大面积的开阔场地作背景,或在草坪和整个绿地的边缘种植,或在小岛屿、小山坡或土丘上。在树群的主要立面前,要留出树群高的 4 倍距离或树群宽的 1.5 倍距离以上的空地,以便游人观赏。树群的规模不宜太大,一般长度和宽度控制在 50 米以下。树群内最好采取郁闭和分层的配置,使游人无法进入。

2.竖向配置的方法 生长着的树木不仅在水平方向上占有一定面积,在垂直方向上也占有一定空间。因此,园林树木配置除了在平面上有一定配置方法外,在竖向上也有一定原则。

由于树木高度不同,配置时可分层进行,形成乔木、小乔木、灌木、地被等多层次结构,但应注意不同树木对光照、温度、水分等条件的不同要求。高层乔木对下层树木有遮荫作用,不利于下层树木生长。因此,上层乔木密度不宜过大,阳性树种不能配置在郁闭度大的树冠下。在园林绿化中,有些景点采取从阳面开始,由低至高的阶梯式配置方式,如底层为大草坪地被,由低至高依次为花卉、灌木、小乔木、大乔木,也会形成独特的景观。

3.色彩配置的方法 虽然树木的叶子大多数是绿色的,但是不同的树木叶的绿色又有差别,大致可以分为以下 6 种:黄绿色、浅绿色、深绿色、暗绿色、蓝绿色和灰绿色。在进行树木配置时,不同绿色的搭配可以形成富有层次的立体景观效果。在林带中有规律地使用叶色不同的树种,可形成多层次、富有动感的景观。除绿色外,树木还具有其他色彩,如花、叶和果的色彩。

花的色彩种类繁多,在配置时应考虑花色与周围树木和环境的搭配。色彩较浅的环境中,适当配置深色的花,更显花色艳丽;色彩较浓重的环境中,适当配置浅色的花,使整个环境活泼跳跃。

叶的色彩一般来自于季节的变化,有很多色叶树木在早春还是油油的绿色,随着季节变化就会变成不同颜色,有黄色、红色、紫红色等,搭配时应注意季相变化,使不同季节呈现不同的景观。

果实也是植物的观赏特性之一。秋季较为多见,有红色、黄色等。主要是黄色,如柿、木瓜、金橘等,火棘、金银木等则是红色。

(三)树种选择

1.树种选择 不同环境、不同景观效果,要求树种的选择不同。园林树木的选择应从美学角度考虑。园林树木具有很多方面的美学特征,如树形、干形、枝形、枝色、叶形、叶

色,花形、花色、花序、花香,果形、果色、果香等。通过合理的选择搭配,将这些美学特性发挥得淋漓尽致,从而能更好的美化城市。从树木的作用和配置方式综合考虑,园林植物配置分为庭荫树、行道树、观赏树、片林、绿篱、地被等。

(1)庭荫树 庭荫树主要是起遮蔽阳光、产生阴凉、创造景观的作用。这类树木用于公园、庭院等园林中。栽植在路旁、湖边、园林建筑小区的周围。若作为孤植观赏,一般要求树木高大、冠形丰满,如塔形、卵圆形、球形等。在北方,孤植观赏树使用常绿针叶树比较普遍,如雪松、白皮松等;也可以选择落叶树种,如悬铃木、泡桐、栾树、元宝枫、七叶树、鹅掌楸、杜仲、柿树等。

(2)绿篱 绿篱是由灌木或小乔木,以相等株行距、成行或成列构成的整形林带。根据高度不同,绿篱可以分为矮绿篱(高度≤50厘米)、绿篱(50厘米<高度<120厘米)、高绿篱(120厘米≤高度<160厘米)、绿墙(高度≥160厘米);根据功能要求和观赏要求不同,绿篱又分为常绿篱、落叶篱、花篱、彩叶篱、果篱、蔓篱等。

(3)藤本 具有长而细弱、不能直立、只能匍匐地面或依赖其他物支持向上攀升的植物的统称,又称攀缘植物。具木质茎的称木质藤本植物,如紫藤、葡萄、金银花、七姐妹蔷薇、南蛇藤、扶芳藤等。具草本茎的称草质藤本植物,如牵牛花、葫芦。又如,丝瓜(具卷须)、爬山虎(具吸盘)、凌霄花(具气生根)、络石(具气生根)、常春藤(具气生根)等用卷须、小根、吸盘或其他特有的卷附器官攀登于他物上,称攀缘藤本;薇草、牵牛花、紫藤等以茎本身缠绕于他物上的,称缠绕藤本。藤本植物作为园林竖向绿化景观植物,常用于墙面、花架、栏杆等,具有特殊的景观效果。

(4)花坛花境 不同类型的花坛对观赏植物的要求不同。花丛式花坛选择开花繁茂、花期较长的观花植物,且不同花期花卉相搭配,如金盏菊、月季、牡丹、芍药、大丽花、石竹、美人蕉等。模纹花坛为了保持图案的华美和精确,一般选用花期较长、稳定易管理的,如三色堇、一串红、香雪球、美人蕉、矮牵牛、彩叶草、雏菊、小叶黄杨、金叶女贞、紫叶小檗、杜鹃等。花境较花坛来讲是更为自然的花卉种植形式,且规模一般也比较大。花境以多年生草本和灌木为主,以能够露地越冬、适应性强为宜,表现一种自然的植物丛景观。可选用的有鸢尾、芍药、萱草、玉簪、大丽花、百合、郁金香、风信子、唐菖蒲、水仙、杜鹃、月季、牡丹等。

(5)草坪草和地被植物 草坪草是最早的地被植物,分两类,暖季型草坪草和冷季型草坪草。暖季型草坪草主要种类有结缕草、狗尾草、假俭草、地毯草、野牛草等,冷季型草坪草种类有草地早熟禾、多年生黑麦草、高羊茅、匍匐紫羊茅、细弱剪股颖等。

第二节　休闲农业企业园林绿化施工技术

一、绿化种植施工原则

（一）了解熟悉设计意图,理解设计图纸

施工前必须要有绿地规划设计图、设计方案和施工要求,施工单位在拿到设计方案、设计图纸、设计说明及相应的图表后,应仔细分析,熟悉设计意图,充分理解设计图纸上的内容,听取设计人员的技术交底和地上物体的处理要求。

（二）了解各种绿化植物的特性

施工前,应了解各种绿化植物生理、生态特性,正确合理地种植树木,从而提高树木成活率。对于施工中出现的种植问题应及时提出,经过商议妥善处理。

（三）熟悉施工现场状况

在了解设计意图、图纸和要求的基础上,首先去熟悉施工现场状况,了解水源、土质状况,掌握地下管线的分布状况等,然后落实苗木来源、规格和质量,以及人力、工具、材料、机械、运输等。

（四）合理安排施工进度

充分了解以上信息后,制定切合实际的施工方案和计划以及全部工程的总进度,并根据总进度期限确定各个工程的具体进度时间。注意:绿化施工不同于其他施工,施工日程要依据植物不同的生物学特性及物候期合理安排,以提高栽植成活率。

（五）严格执行施工操作

施工计划制订后,除特殊情况应严格按照计划施工。在施工过程中须严格执行施工操作,如施工程序、种植规范等。

（六）种植施工前的准备

1.整地　整地在园林施工中具有举足轻重的作用,是绿化成败的关键环节之一。绿化施工前对绿化种植区内进行整地,目的是改善种植地的物理性质,疏松土壤,增强土壤透气性,加速土壤中有机物的分解,提高土壤保水抗旱能力,同时铲除杂草,减少病虫害的侵袭。一般情况,整地应在植树前3个月以上的时期进行,最好是整好地后经过一个雨季。整地还包括清理障碍物和平整土面。整地的深度根据种植设计和植物生长特性而定。

2.定点放线　定点放线是保证植树工程栽植位置准确无误、符合设计要求而进行的施工现场的具体操作工序。如灌木丛、树群等,可采用目测法。先用测量法画出树群、树丛的栽植范围,其中每株树木的具体位置,可由放线人自己确定。定点时应注意植物生态需

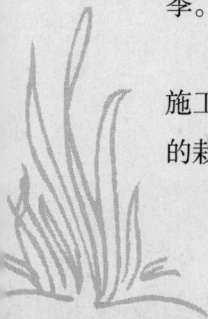

求。面积较小或现场内有标志性建筑物及明显标记的绿地,可用交会法,以建筑物的两个固定位置为依据,按设计图与该两点的距离相交会,定出现场的植树位置,钉上木桩,然后用目测法定各单株点,并撒上灰线标明。

3.开挖种植穴　开挖种植穴看似简单的一项工作,却有着至关重要的作用。树穴的大小、深浅、挖穴的质量直接影响到树木的成活和生长,应根据植物根系的深浅、土球的大小、土壤质地等情况来确定。树穴开挖前,应定点标记中心位置,按所规定的树穴半径尺寸,用石灰或铁锹在地上画一圈线(若为种植槽应先标明边线)。先把圈内的表土挖出,放在一处,然后沿圈线垂直向下挖掘到规定的深度(切忌上下口位大小不一)。挖出的地表土和地下层土分别堆放。穴底要挖平、挖松。回填时,地表土可先填入,以营养根系,下层土填到表层;若土壤贫瘠可先填基肥;若土内垃圾、杂物较多,须预先处理。

二、乔木、灌木的栽植技术

(一)起苗与包装

1.起苗　一般分为裸根起苗和带土球起苗。带土球起苗,苗木成活率高;裸根起苗便于操作,节省人力物力,运输方便,但成活率比带土球的低。

(1)裸根起苗　适用于休眠期的大多数落叶树和容易成活的针叶树小苗。起苗时,根据苗木根系大小和深浅,沿苗木一侧挖沟槽,进行断根。先切断主根,再切断侧根(尽量保留须根,须根越多,带土越多,成活率越高),最后取出苗木。裸根起苗尽量保证根系完整,并随根带少量原土。须根容易受到损伤,运输时应注意保护,必要时可用稻草等材料对裸根进行包扎。

(2)带土球起苗　在裸根起苗能够成活的情况下,尽量不用带土球法移植,因其施工费用高。但对于大树、珍稀古树,则必须带土球起苗。一些根系不发达或须根较少、发根能力弱的针叶树和多数常绿阔叶树,也要用此法。这种方法的优点是栽植成活率高。土球的规格大小与树木体量大小有关。移植时,一般土球直径是植株冠幅的 2 倍,或者是胸径的10 倍,土球高度可以比宽度略小。

2.包装　为了运输方便或提高成活率,有些苗木需要包扎树身,一般采用草绳捆绑,有时在草绳下先包一层蒲包。但包扎得不要过紧,以免损伤枝条。

带土球的苗木,一般土球直径在 30 厘米以上时都要进行包扎。通常土球直径在 40厘米以下时,土球坚实,可将苗木搬到坑外包扎。做法是:先在坑边铺好草帘或蒲包,人工托底将土球捧出轻放到草帘或蒲包上,将其包紧,再用草绳把包捆紧。如果土球直径在 40厘米以上,或者在 40 厘米以下但土球松散时,均应在坑内完成包扎。做法是:先用铁锹将苗木土球修整好,再用规格 1~1.5 厘米的草绳一头固定在茎干,然后两人配合从上向下依次纵向缠绕土球,并收紧。注意底部草绳一定要兜好、勒紧、码齐。最后将绳头固定在茎干

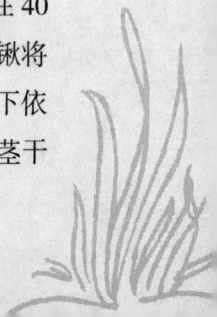

23

或压在绳下。每道草绳间隔不超过8厘米。土球直径小于40厘米的,用单股草绳;在40厘米以上的,用双股草绳。如果土球直径超过60厘米,还应该在土球中腰处捆绑6~10圈草绳。最后切断底根。

(二)吊装与运输

苗木装运时,先按所需树种、规格、质量、数量进行认真核对,发现问题及时解决。不论是人工肩扛、两人抬装,还是机械起吊,都要注意轻拿轻放,不得损伤苗木或造成散球。

裸根苗短距离运输时,装车时只需在根与根之间加些湿润物,如湿稻草、麦秸等,对树梢及树干相应加以保护即可。裸根苗长距离(运输时间1天以上)运输时,可用聚乙烯袋将裸根苗根部套住,防止苗根失水干燥而降低成活率和苗根再生能力。带土球苗木装车时,土球小的或苗木高度小于2米的可直立码放;土球大的或苗木高度超过2米的必须斜放,土球向前,树干朝后。同时,土球要垫牢、挤严、放稳,其他要求与裸根苗运输方法相同。长距离运输时,根据情况按照与裸根苗相同的保护方法即可。要注意的是,运输过程中不得散球。

苗木的运输要迅速、及时。避免大风天运苗,最好在无风阴天运苗,以降低蒸腾,提高苗木成活率。风抽对苗木的生命力损伤会很严重。运输途中要尽量保持行车平稳,且尽量减少颠簸,避免苗木受损。较长距离的运输,中途停车应停在树荫下,且经常给苗木喷水。苗木运到目的地卸车时,要按顺序轻拿轻放。

(三)假植

将苗木的根系用潮湿的土壤进行暂时的埋植处理,称为假植。苗木假植分为临时假植和越冬假植两种。一般绿化用苗为临时假植。苗木运到现场后应及时栽植,苗木如不能及时栽植,或栽植后有剩余苗木时,必须设法将苗木进行假植,以防止苗木根系失水或干枯从而丧失生命力。假植选背阴、排水良好、背风和土壤疏松的地方。

1.裸根苗木假植 采取挖沟假植方法。先挖深40~60厘米的浅沟,宽度以苗木规格而定,长度依苗木的多少而定。将苗木散捆,一棵棵紧靠着排列在沟内,使苗向背风方向倾斜(一般苗枝梢朝南或朝西,成30°角倾斜栽入),用湿润的土壤将苗木埋土并用脚踩实,使根与湿土紧密接触。堆土厚度以土全部覆盖根系和苗茎下部后,再培土2~3厘米为宜。侧根坚硬的树苗或根盘扩张的大苗,可以直立假植。

2.带土球苗木假植 将苗木的树冠收缩捆扎,使每一棵苗木土球挨土球,树冠靠树冠,然后在土球上覆盖一层土,填满土球间的缝隙,再对树冠及土球均匀喷水,保持水分;或者直接把苗木临时栽植到空地中,将土球埋入1/3~1/2深,株距根据假植时间长短而定,一般土球与土球之间为15~30厘米。

3.注意事项 苗木假植后,应立即浇水,保持树根湿润。之后,应注意经常浇水、看管。假植区土壤不要太泥泞,覆盖根系的土壤中不能夹有杂草、落叶等易发热的物质,以免根

系受热发霉,影响苗木的生活力。覆土厚度要适当,不宜太厚或太薄。太厚费工且容易受热,导致根发霉腐烂,太薄则起不到保水、保温的作用。栽植时边起苗边假植,以减少根系在空气中的裸露时间,这样可以最大限度地保持根系中的水分,提高苗木栽植的成活率。做好苗木的防护工作,如在太阳强烈的季节,应设置遮阳网,减弱光照。

（四）种植前的修剪

种植前应对苗木根系、树冠进行修剪,将劈裂根、病虫根、过长根剪除。对树冠进行修剪,目的主要是为了保持树木地下、地上两部分的水分代谢平衡。修剪强度要根据树冠大小、根部秃裸程度、伤根多少和生根难易等情况具体确定。

1. 藤蔓类修剪　攀缘类和蔓性苗木可剪除过长部分。攀缘上架苗木可剪除交错枝、横向生长枝。

2. 修剪质量要求　苗木修剪质量应符合以下几点要求:

（1）剪口平滑,不得劈裂;

（2）枝条短截时应留外芽,剪口应距离芽位置以上 1~2 厘米;

（3）无论重剪、轻剪,皆应考虑到树形的框架以及保留枝的错落有致;

（4）剪口越小越好,剪口直径 2 厘米以上大枝及粗根要做防护,可用塑料薄膜、凡士林、石蜡或植物专用伤口防腐剂涂抹、包封。

（五）栽植

根据树木生长习性和当地的气候,选择最适宜季节栽植,并最好选择在无风的阴天。不同的绿化形式栽植的要求不一样。行道树和绿篱栽植前,需按苗木大小和高矮顺序配置,以保持苗木定植后整齐,大小一致;行道树,相邻同种苗木的高度相差不宜过大。按栽植前的定点放线位置,做到对号入座,边配边栽。将树形最好的一面朝向主要观赏面。对再生能力弱、树皮薄、树干外露的孤植树,最好按原生长面定植,避免日灼,以提高成活率。

必要时,栽植前对树穴进行消毒杀菌,用 50% 克百威颗粒按 0.1% 比例拌土杀虫,用 50% 甲基托布津或 50% 多菌灵粉剂按相同比例拌土杀菌。

1. 裸根苗的栽植　两人一组,一人扶树,一人填土。树身必须垂直,不能歪斜。栽植要领是"埋""踩""提"。具体操作是:先将表土填入穴底,填至一半时,轻轻提苗,使苗根自然向下舒展,土壤与根系接触紧密,并将土踩实;然后边埋边提 2~3 次,最后提到苗木深度合适而止;穴填满后,再踩实一次,最后盖上一层松土,与根茎土痕相平即可。

2. 带土球苗的栽植　先量好已挖树穴的深度、宽度,看是否与土球一致。一般树穴的直径应比土球直径大 30~40 厘米,深度应比土球的高度大 20~30 厘米。穴的大小,上下要一致,切忌上口大下口小。若不符合规格要求,对树穴应适当填挖调整,然后再放苗入穴。移动土球时要抱住土球,不要提干,防止散球。放土球时,先在土球四周下部垫少量表土,将土球固定,使树体直立,然后剪开包装材料,并将其取出（如果是少量腐烂的稻草就不

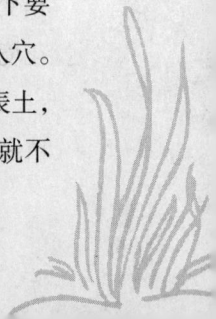

一定解除），接着填入表土，填至一半时，用粗木棍将土球四周夯实，但不得砸土球外环，以免将土球砸散。填满后，再夯实，然后做好灌水围堰。

3.回填土注意事项　进行回填土时，先填地表土，再填地下土。在土质差、土壤理化性质不适合栽植时，要进行换土。例如，对合欢、泡桐、石榴、文冠果、迎春、紫穗槐等适合生长在微碱性土壤的植物，应结合施基肥，回填或换微碱性土壤（白云石、碳酸钙能使土壤pH值增高）；对枫杨、乌桕、白玉兰、棕榈、银杏、金钱松等适合生长在微酸性土壤的植物，应回填或换微酸性土壤（细硫黄粉、硫酸亚铁等可降低土壤pH值）。加入酸、碱物质或肥料的数量，取决于土壤原来的pH值及其代换量。酸性或碱性肥料也能改变土壤pH值。部分植物对土壤的酸碱度（pH值）要求不严，在一般弱酸性至弱碱性土壤上均可栽培。

（六）栽后管理

1.浇水　苗木定植后，应立即浇水。水一定要浇透，以利于根系与土壤密接，确保成活。浇水前最好先放一草帘片，将水浇在草帘片上，防止水冲走表土。浇第一遍水之后，应检查围堰有无跑水、漏水现象，若有，应及时填土修补。一般过2~3天后浇第二遍水，并修正围堰；5~10天后浇第三遍水，之后2~3天及时中耕，并可将围堰填成稍高于原地面的土堆，以利于护根、防风、保墒。待树木发芽后，有条件的1~2天喷一次水，从而加快新芽的生长速度。新梢容易遭受蚜虫危害，天气干旱时应注意观察，以便及时喷药防治。要经常锄草松土。在施肥方面，可用厩肥或化肥，沟施或穴施。

2.立支架　对大规格苗木，为防浇水后被风吹倒，应立支柱。支柱方式有单柱直立、单柱斜立、三角支架等。单柱直立，支柱立于上风向；单柱斜立，支柱立于下风向。用较小的苗木做绿篱时，还应立栅栏加以保护。支柱可在种植苗木时同时埋入，也可栽后打入。树干和支柱接触部位应用草垫或其他保护材料隔开，以防磨伤树皮。

3.核对　苗木配置完后，应按设计图纸进行核对，以免有误。

三、花坛、花境的种植施工技术

花坛指绿地中应用花卉布置精细、美观图案的一种形式，植物材料宜采用一二年生花卉、部分球根花卉和其他温室育苗的草本花卉类。花坛布置应选用花期、花色、株型、株高整齐一致的花卉，配置协调。花境指绿地中树坛、草坪、道路、建筑等边缘花卉带状布置形式，用来丰富绿地色彩。植物应以宿根花卉为主，布置形式以自然式为主。花境具有季相变化的，讲究纵向图案（景观）效果的特点。从观赏角度，花境可以分为单面花境和双面花境。花境区别于花坛，它更倾向于自然化，少了些人工雕饰，多了些自然群落之美。

花坛、花境施工总的来说，包括定点放线、砌筑边缘石、填土整地、图案放样、花坛栽植等几道工序。

（一）种植床的整理

在已完成的边缘石圈子内,进行翻土作业。一面翻土,一面挑选、清除土中杂物。若土质太差应换土,并施基肥。一般,其中央部分填土应该稍高,边缘部分填土应低一些。单面观赏的,前边填土应低些,后边填土应高些。土面应做成坡度为 5°~10° 的坡面。在边缘地带,土面高度应填至边缘石顶面以下 2~3 厘米;以后经过自然沉降,土面即降至比边缘石顶面低 7~10 厘米之处, 这就是边缘土面的合适高度。土面一般要填成弧形面或浅锥形面,单面观赏的上面则要填成平坦土面或是向前倾斜的直坡面。填土达到要求后,要把土面的土粒整细、耙平,以备栽种花卉植物。

种植床整理好之后,应在中央重新打好中心桩,作为图案放样的基准点。

（二）定点放线

定点放线,一方面要确定花坛、花境的形状,另一方面是确定内部的图案形状。

花坛的定点放线,根据设计图和地面坐标,用测量仪器把花坛群中主花坛中心点坐标测设在地面上,再把纵横中轴线上的其他中心点的坐标测设下来,将各中心点连线即在地面上放出花坛群的纵横轴线。据此可量出各处个体花坛的中心点,最后将各处个体花坛的边线放到地面上就可以了。花坛图案、纹样,要按照设计图放大到花坛土面上。放线时,可以先将花坛表面等分,具体方法是:从花坛中心桩牵出几条细线,分别拉到花坛边缘各处,用量角器确定各线之间的角度,就能够将花坛表面等分成若干份。以这些等分线为基准,比较容易放出花坛面上对称、重复的图案纹样。

对于立体花坛除了上述的定点放线以外,还要制作造型骨架,一般用木、砖、钢筋等材料制成。骨架的扎制直接影响花坛的艺术效果,所以必须严格按照设计和承重技术精心完成。扎制完成后用窗纱网或尼龙线网裹覆固定,外面包以泥土,并用蒲包或草将泥固定。

花境的定点放线较之花坛简单许多,它没有过于精确的纹路、曲线,只是将花境的轮廓以及内部各材料的种植范围区划出即可。

（三）边缘石砌筑

放线完成后,应沿着已有的种植边线开挖边缘石基槽。基槽的开挖宽度应比边缘石基础宽 10 厘米左右,深度可在 12~20 厘米之间。槽底土面要整平、夯实;有松软处要进行加固,不得留下不均匀沉降的隐患。在砌基础之前,槽底还应做一个 3~5 厘米厚的粗砂垫层,作基础施工找平用。

边缘石一般是以砖砌筑的矮墙, 高 15~45 厘米, 其基础和墙体可用 1：2 泥砂浆或 M2.5 混合砂浆砌 Mv7.5 标准砖做成。矮墙砌筑好之后,回填泥土将基础埋上,并夯实泥土。再用水泥和粗沙配成 1：2.5 的水泥砂浆,对边缘石的墙面抹面,抹平即可,不要抹光。最后,按照设计,用磨制花岗石石片、釉面墙地砖等贴面装饰,或者用色彩水磨石、干粘石米等方法饰面。有些花坛边缘还可能设计有金属矮栏花饰,应在边缘石饰面之前安装好。

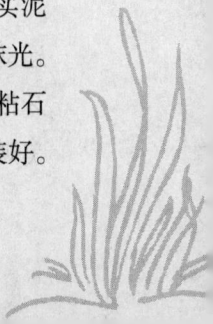

矮的柱脚要埋入边缘石,用水泥砂浆浇注固定。待矮栏花饰安装好后,再进行边缘石的饰面工序。

需要注意的是:在花境边界处或边缘石下和各种花材种植区边缘挖沟,埋入石头、瓦砾或金属片等,防止某些分蘖强的根窜出,否则会妨碍其他植物生长和影响景观效果。

(四)花坛内植物的栽植

1.选苗　选苗时同种花苗的大小、高矮应尽量保持一致,过于弱小或过于高大的都不要选用。花境可根据设计要求选择各种植物。

2.栽植时间　花卉栽植时间,在春、夏、秋三季基本都可栽。夏季栽种,最好选择上午11时之前和下午4时之后进行,避开强日照,还应避开大雨天、大风天等恶劣天气。花苗运到应及时栽种,越快越好。

3.栽植顺序　栽植花苗时,一般从中央开始栽,栽完中部图案纹样后,再向边缘部分扩展栽种。单面观赏的,栽植时,要从后边栽起,逐步向前栽种。若是模纹花坛或标题式花坛,则应先栽模纹、图案,后栽衬底植物。立体花坛应做好立体花坛再栽植平面衬底花坛,并且栽植立体花坛时要遵循从上到下、从内到外的原则。

4.株行距　花苗的株行距根据植株大小来定,以成苗后不再有裸露地面为宜。植株小的为15厘米×15厘米,植株中等大小的为20厘米×20厘米至40厘米×40厘米,植株较大的为50厘米×50厘米。草坪或地被植物,可不考虑株行距,密集栽种即可。

5.栽植深度　栽植深度为原深度,球茎花卉种植深度为球茎的1~2倍,块根、块茎、根茎类可覆土3厘米。栽植时不得损害植株与根系。同一模纹图案,如果没有特殊要求,应高低一致;若植株高矮不齐,应以矮株为准,对较高的植株则栽得深一些,以保持顶面整齐。如果是立体花坛,应在栽植前制作模型架子,然后根据模型架按位置栽植,方法同上。

6.养护管理　栽植完成后,要立即浇透水一次,使根系与土壤密接。同时保持植株清洁,增强观赏性。如果有个别植株死亡应及时更换,以免影响观赏。注意日常养护管理。

四、草坪与地被植物种植施工技术

(一)草种选择

正确选择草坪草种,对草坪的质量影响很大,要选择符合应用类型、适应性强、管理粗放的,不能盲目铺草,以免造成巨大浪费。

1.符合应用类型　不同的草坪类型选用不同的草种,才能起到良好的草坪绿化效果。运动草坪要耐修剪、耐践踏、根系发达、再生能力强、恢复迅速的草种,如中华结缕草、狗牙根、细叶剪股颖、黑麦草等。观赏草坪、庭院草坪一类选用色彩柔和、叶细、低矮、平整和美观的草种和地被,如细叶结缕草(天鹅绒草)、马尼拉草、酢浆草、白车轴草、常春藤等。

堤岸护坡,一般选用耐湿、耐旱、覆盖能力强、根系发达的草种,如狗牙根、假俭草等。

2.适应性强　选用的草种要求适应性强。北方地区,多选用绿色期长的草种,如各种冷季型草种。西北地区,宜选择耐炎热、耐寒、抗旱、耐瘠薄、生长迅速的草种。

3.耐管理粗放　草坪维护投资很大,如果经济力量薄弱养护跟不上,草坪不久就会死亡。因此,要尽可能选用不需精细管理便可获得良好效果的草种,如细叶结缕草、马尼拉草、假俭草等。

(二)整地

整地是按规划的地形对坪床进行平整的过程。在开始进行各项施工之前,要仔细地测定表土层的厚度,然后把表土移到事先设计好的贮存场地。整地可分为粗整、细整和土壤准备三部分。

1.粗整　粗整是指表土移出后按设计营造地形的整地工作。

营造地形要根据设计高度,每相隔一定距离定点标记(木桩)。填充土壤松软地方,填土的高度要高出所设计的高度。用细质地土壤充填时,大约要高出15%;用粗质土时可低些。在填土量大的地方,应每填高30厘米,就要镇压一次。

在庭院草坪设计中,为了防止水渗入地下室,坡度的方向应背向房屋。为了使地表水顺利排出场地中心,应设计成中间高、四周低的地形。高尔夫场的果领、开球区以及球道,也应多个方向倾斜于障碍区。即使平地也要设置一定坡度,以便于排水。适宜的地表排水坡度大约是2°。

地形形成后,要回填表土,一般要求地形之上至少需要有15厘米厚的覆土。在亚表层土壤的质地和结构与表土相差很大的地方,可以把5厘米的表土与亚表层土壤混合,这样可达到表土向亚表层土壤逐渐过渡的效果。它具有改善亚表层土壤板结状况和减少表土至底土界面突然过渡所引起的许多问题。

2.细整　细整是指为播种进一步整平坪床,同时也可把施入的肥料拌匀。如果种植面积大,则应用机具来完成。在种植面积小,大型设备工作不方便的地方,常用铁耙人工整地。

在细整之前,要让土壤充分折实,以免机械破坏土壤表面,使表面高低不平,会给将来的管护带来麻烦。大量灌水是加速土壤折实的好方法。镇压也可以获得坚实的土壤表面。由于土壤折实的情况不同,在某些地方也会出现高低不平。为了使地面平整、均匀一致,在种植前必须要进一步整平。细整一般是在播种之前进行,否则时间一长,土壤表面会结壳,种植时仍需要再整。

3.土壤准备　种植草坪,应该选择疏松、肥沃的土壤。草坪植物根系分布的深度一般在20~30厘米范围内,不合格土壤应先撒施基肥,这对草坪生长、发育有很大的作用。一般每667平方米(1亩)施腐熟农家肥2500~3000千克。为提高土壤肥力,促进草坪出苗,应先将肥料粉碎、撒匀,然后翻入土中20~50厘米。为防治地下害虫,保护草根,施肥的同

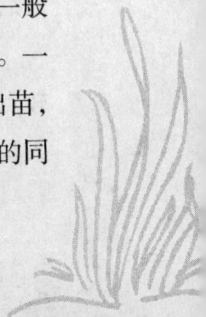

时可施适量农药,但必须撒施均匀,避免药粉成团块状而影响草坪植物成活。完成以上工作后,按设计标高,将地面整平。

(三)种植施工

1.播种法

(1)播种时间　春、夏、秋季都可以播种。春季施工,天气干旱,土壤湿度小,气温低,不利于草籽发芽,且会和野草共生,管理非常费工。夏季施工,如8月份,气温尚高,有利于草籽发芽,草籽出芽后,还有一段生长时间,翌年开春就能迅速萌发盖满地面,增强了与野草的竞争能力,可以快速形成草坪。如果在雨季,高温多雨,虽有利于草籽发芽,但遇暴雨会冲刷草籽,造成出苗不匀的现象。秋季施工,如果迟于9月中旬,因生长期太短,不利于越冬,影响翌年的生长发育。草坪在冬季越冬有困难的地区,只能采用春播。由于各地气候条件不同,应选择本地区最适宜的播种时间播种。

(2)播种方法　有条播和撒播两种。

条播有利于播种后的管理。是在整好的场地上挖深5~10厘米的沟,沟间距15厘米,用等量沙子与种子拌匀,然后均匀撒入沟内。

撒播可及早达到草坪均匀的目的,故一般多采用撒播。撒播前若土壤过于坚硬要先洒水,以水渗入地下10厘米为度,将与沙等量混匀的种沙,均匀撒在整好的地上,然后覆上薄薄一层土或用平耙轻轻耙平。

现在一般都用播种机。若是人工播种机,先将草籽放入布袋中,用左手推开挡位(挡位越高缝隙越大),然后右手操作,就能撒出草籽。播后用铁耙推平、压平即可。

(3)播后管理　播种后应及时喷水。水要喷得细密、均匀,使水从上而下慢慢浸透地面。第一、二次喷水量不宜太大,以喷湿为原则。雨季或空气湿度大时少喷。喷水后应检查,如发现草籽被冲出时,应及时覆土埋平。第二次喷水后则应加大水量,经常保持土壤潮湿,喷水不可间断,这样经7~10天,草籽便可出芽。当幼苗长至3~6厘米高时可停止喷水。此外,还必须加以围护,防止游人践踏,否则会造成出苗严重不齐。

2.栽植法　自春至秋(全年生长季节)均可栽植,具体时间根据各地气候而定,一般宜早不宜迟,最佳的种植时间在生长季中期。

(1)点栽法　点栽比较均匀,能迅速形成草坪,但比较费工。栽草时,每两个人为一作业组,一个人负责分草并将杂草挑净,一个人负责栽草,用花铲挖深度和直径均为6~7厘米的栽植洞,将草栽入(株距15~20厘米),用细土埋平,用花铲拍紧,并随即顺地势搂平,最后再压实一次。

(2)条栽法　条栽比较简单,节省人力,施工速度快,用草量也较少,但草坪形成时间较点栽长。先挖深5~6厘米的沟,沟距间20~25厘米,将草鞭每2~3根一束,前后搭接埋入沟内,埋土盖严压实,并及时灌水。

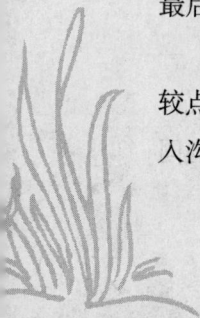

（3）撒栽法　先将草根散开并拣出杂草，然后将草根草茎均匀撒在整过的地面上，密度以铺满为宜，然后撒上一层细土将草盖住，以不露草根为度，最后用磙筒碾压一遍后喷水。

（4）铺草块　这是出效果最快的方法，除土壤冻结期间，一年四季均可施工，尤其以春、秋两季最为适宜，各草种均适用；缺点是成本高，且容易衰老。

（四）养护管理

1.浇水　草坪植物不能缺水，干旱地区必须经常为草坪补充水分，所以在栽植前就应备好水源和适宜的供水设施。

新植的草坪，应根据气候适宜地浇水，尤其不能让刚出苗的草坪缺水，保证水渗入地下 10 厘米以上。夏季天气炎热，应避开烈日当头的中午浇水。对于建成时间较长已经生长正常的草坪，最好每年开春发芽前灌一次足水，称"灌春水"，秋草枯黄停长时再灌一次足水，称"灌冻水"，这两次水对草坪全年生长和安全越冬作用都很大。如果在草坪生长季节遇天气干旱，也要定期灌水。

2.施肥　草坪植物需要足够的土壤营养条件，才能保证其正常生长发育。草坪生长期最需要氮肥，其次是磷肥。尽管施工时已经施了基肥，但由于植物逐年吸收，肥力会逐渐减退，故应经常补充肥料。冷季型草坪最好在早春和秋季追肥，第一次在返青后施肥，第二次在仲春（农历二月），天转热后停止施肥，秋季在 9~10 月份施肥。暖季型草坪在晚春施肥，生长季每月或每两个月追肥一次，一年中最后一次追肥北方不得晚于 8 月份。

3.修剪　通过修剪可以使草坪平坦、低矮，有的根据需要剪成美丽的花纹，增加视觉效果。修剪还可以促使分蘖，增加草坪的密度。通过多次修剪，还可以消灭某些双子叶杂草，保证草坪的纯度。剪草工具一般使用草坪修剪机。

（1）修剪高度　新建草坪，草长到 7~8 厘米高时就应进行第一次修剪。每次修剪必须遵循剪去的部分应小于自然高度的 1/3 这个原则。

（2）修剪次数与方法　修剪次数根据工程动工时间、草坪长势强弱而定。草坪强壮的修剪次数就多些，弱的修剪次数就少些。剪草前应先清理草坪中的石块、铁丝、树枝等杂物，以免损伤修剪机。剪草要按顺序进行，保持草坪的清洁整齐，剪下的草叶要及时清理。

4.除杂草　一般采用人工除草，也可用除草剂；但是，除草剂如果使用不当会造成巨大损失，要慎用。

5.围护　防止游人践踏。应设置栏杆阻隔或由专人看管。如果草坪经常被人践踏，会生长不良，成片死亡，严重者将减小覆盖度，外观呈黄斑、虎皮状，影响美观。

6.防治病虫害　草坪植物病虫害一般不多，但有时可能发生地下害虫和一些其他虫害及病害。应及时防治，避免蔓延。

第三节 休闲农业企业园林植物的养护与管理

一、日常养护管理

(一)灌溉

不同种类的园林植物对水分要求不同,如喜水的与耐干旱的;同种植物在一年中不同时期内对水分的需求也不同,如生长期与休眠期;不同土壤对灌溉要求也不同,如沙壤土易干,要勤浇水,黏土则浇水次数较少。因此,灌溉应因时、因地、因树而制宜。以下是从灌溉的灌溉时期、灌溉量与灌溉次数、灌溉方法以及灌溉用水质量等几个方面来进行介绍。

1.灌溉时期

(1)一天中的灌溉 一天内灌溉最好是在清晨进行。早晨风小、光弱,植物蒸腾作用较低,且水温与地温相近,灌溉对根系生长活动影响小。夏季高温酷暑天气,切忌正午灌溉。因为正午气温高,灌入冷水后根系因不能适应骤凉而吸水困难,易造成暂时生理干旱,树叶萎蔫。冬季则因早晚气温较低,灌溉应在中午前后进行,一般不要在傍晚灌溉,湿叶过夜易引起病害。但夏季气温高,灌溉也可在傍晚进行。

(2)一年中的灌溉

①春季灌溉 春季气温逐渐回升,植物随之进入萌芽、展叶、抽枝等一系列过程,即新梢迅速生长期,此时水分是否充足直接影响植物的生长。北方一些地区干旱少雨多风,及时灌溉显得尤其重要,不但能补充土壤中的水分,供给植物地上部分生长发育,也能防止春寒及晚霜对树木造成的危害。

②夏季灌溉 此时植物正处于生长旺盛时期,开花、花芽分化、结果,需消耗大量的水分和养分,应结合植物生长阶段的特点及本地同期的降水状况,决定灌溉次数与灌溉量。夏季气温高、久旱无雨时,易引起树叶发黄或早落,应注意及时灌溉。对于一些进行花芽分化的花灌木要适当控水,以抑制枝叶生长,从而保证花芽的质量。

③秋季灌溉 随气温的下降,植物生长减慢,应控制灌溉以促进植物组织生长充实和枝梢充分木质化,防止秋后徒长和花期延长,便于植物顺利越冬;但对于结果植物,在果实膨大期,要加强灌溉,以提高果实质量。

④冬季灌溉 我国北方地区冬季严寒多风,为了防止植物受冻害或因植物过度失水而枯梢,在入冬前,即土壤冻结前进行适当灌溉,俗称"灌冬水",由此提高植物的越冬能力,保护树木免受冻害和枯梢,达到防寒的目的。

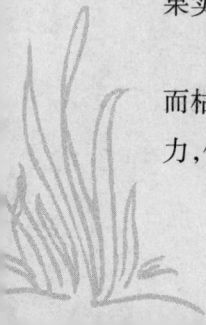

总之，一年之中的重要灌溉有两次，一次是植物萌芽时，即春季第一次灌溉非常重要，如遇雨雪，可减少灌溉或不灌；另一次是灌越冬水，确保根系与土壤密切结合，使植物安全越冬。

⑤移植、定植后灌溉 移植、定植后的灌溉也很重要。苗木移植使一部分根系受损，吸水力减弱；定植后植物根系尚未与土壤充分接触，尤其是大苗或大树带有较多的地上部分，蒸发量大，根系受损尚未恢复，抗旱能力较差。因此，植株移植、定植后的灌溉与成活关系甚大，若不及时灌水，植株会因干旱导致生长受阻，甚至死亡。移植、定植后第一次灌溉通常称为定根水，量要足，目的是为了加速新栽植物的根系与土壤的密接。而后，乔木每隔7~10天、灌木和草本植物每隔4~5天灌溉1次，目的是为促进根系生长。但须注意的是，对于大树大苗，因新根未萌，老根吸水能力差，若灌溉量过大，易导致烂根。夏季高温天气干旱时，还需向树冠喷水保湿，以满足植物对水分的需求，确保成活。

2.灌溉量及灌溉次数

一般树木根系分布范围内的土壤含水量，以达到田间持水量的60%~80%为宜。据此，灌溉量的计算公式为：

灌溉量=灌溉面积×土壤浸湿深度×土壤容重×（田间持水量－灌溉前土壤含水量）

但因植物种类、生长发育、土壤性质、天气状况的不同，灌溉量及灌溉次数也不同。

(1)不同植物种类的灌溉量及灌溉次数 木本植物根系比较发达，吸收土壤中水分的能力较强，灌溉的次数可少些；观花树种，特别是花灌木，灌水量和灌水次数要比一般树种多；较大乔木、灌木需水量大，要求一次灌溉量要大；一二年生草本花卉及一些球根花卉由于根系较浅，容易干旱，灌溉次数应较宿根花卉为多。耐旱的植物如松树、虎刺梅、多浆肉质类、腊梅等，灌溉量及灌溉次数可少些；不耐旱的如垂柳、枫杨、蕨类、凤梨科等阴生湿生植物，灌溉量及灌溉次数要适当增多；从每次灌水渗入土层的深度看，生理成熟的乔木应达80~100厘米，一般花灌木应达45厘米，一二年生草本花卉应达30~35厘米。

(2)植物不同生长发育时期的灌溉量及灌溉次数 一般刚栽种的植物第一次灌溉要灌透，才能确保成活，3天后灌第二次水，5~6天后灌第三次水，然后松土。若根系比较强大，土壤墒情较好，也可灌两次水，然后松土保墒。若苗木较弱，移植后恢复正常生长的速度较慢，应在灌第三次水后10天左右灌第四次水，然后松土保墒，以后进行正常的灌水。园林树木栽植后也要间隔5~6天连灌3次水，且需要连续灌水3~5年，特别是花灌木应达5年。植物生长旺盛期、夏季开花期和秋季果实膨大期，灌水量应大些，每月可浇水2~3次，阴雨或雨量充沛的天气要少浇或不浇。秋季应减少浇水量，如遇天气干燥时，每月浇水1~2次。北方地区露地栽培的苗木，一年中分别在初春根系旺盛生长时、萌芽后开花前、开花后、花芽分化期、秋季根系再次旺盛生长时、入冬土壤封冻前的6个时期，各浇1次透水。

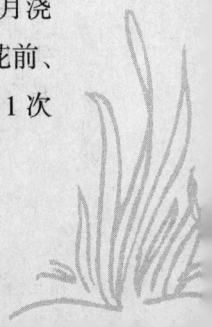

（3）不同质地、性质土壤的灌溉量及灌溉次数　黏重的土壤,其通气性和排水性较差,灌水次数要适当减少,但灌溉的时间应适当延长,最好采用间歇方式,给土壤留有足够渗水时间;质地轻的土壤如沙地,或表土浅、下有黏土盘,其保水保肥性差,宜少量多次灌溉,以防土壤中的营养物质随水重力淋失而使土壤更加贫瘠;盐碱地的灌溉量每次不宜过多,以防返碱或返盐;土层深厚的沙壤土,一次灌水应灌透,待见干后再灌。

（4）不同天气状况的灌溉量及灌溉次数　春季干旱少雨天气,应加大灌溉量;夏季降雨集中期,应少浇或不浇;秋季干燥天气、晴天风大时应比阴天无风时多浇几次。

（5）注意事项　每次灌溉要灌透,水分要深入到整个栽植层,切忌仅灌湿表层。两次灌溉间隔时间不要过短,以免频繁灌溉致使植物根系长期浸泡在水中因缺氧而死亡。

3.灌溉用水质量

园林植物的生长发育受灌溉用水质量的直接影响。水体要清洁,切忌使用工厂排出的废水、污水,且以软水为宜。例如自来水、雨水、井水、河水、湖水、池塘水等,都可用来浇灌植物。灌溉时还要注意,所用水的酸碱度是否适宜植物的生长。北方地区的水质一般都偏碱性,对于一些要求土壤中性偏酸或酸性的植物种类来说,容易出现缺铁现象。

4.灌溉方法

在园林绿地中灌溉的方法多种多样,应根据植物的栽植方式来选择。

（1）单株围堰灌溉　对于露地栽植的单株乔灌木如行道树、庭荫树等,先在树冠的最大垂直投影范围处围堰（但由于地面条件限制很多,高大乔灌木难以达到标准）,高15~20厘米。灌溉前先疏松盘内土壤,再利用橡胶管、水车或其他灌溉工具,对每株树木进行灌溉。灌水应使水面与堰埂相齐,待水慢慢渗下后,将围堰铲除覆盖在树盘内,以保持土壤水分。此法省水,成本较低。

（2）漫灌　这是传统灌溉方法,适用于地势较平坦的群植和林植的植物。这种灌溉方法最大缺点是耗水较多,且容易造成土壤板结,注意灌水后及时松土保墒。但在盐碱地使用此法有洗盐的作用。

（3）沟灌　适合于列植的植物,如绿篱、规则式片林或行列栽植的花卉的种植形式。行间每隔一定距离挖一条沟,沟深20~25厘米,使水沿沟底流动浸润土壤,直至水分充分渗入周围土壤为止。注意灌溉后将沟整平保持水分。

（4）喷灌　用移动喷灌装置或安装好的固定喷头,对园林植物以人工或自动控制的方式进行灌溉。现在大多数城市都使用喷灌进行园林灌溉。这种灌溉方法基本上不产生深层渗漏和地表径流,省水、省工,效率高,能减轻或避免低温、高温、干热风对植物的危害,既可达到合理灌水的目的,又具有生态灌水的效果,与此同时也提高了植物的绿化效果。缺点是必须使用机械设备和"清洁"水源,投资较大。

（5）滴灌　是集机械化、自动化等多种先进技术于一体的灌溉方式:将一定粗度的胶

皮水管埋在土壤中或树木根部,用自动定时装置控制水量和时间,将水一滴一滴地注入根系分布范围内。此法最大优点是可节约用水,在水资源短缺的地区应大力提倡,但一次性投资太大。

(二)排水

当土壤中水分过多时致使土壤中缺氧,由此根系的呼吸、土壤中微生物的活动、有机物的分解等都会受到影响,严重时导致根系腐烂。灌溉中形成的不流动的浅水,加上日晒增温,对植株危害也很大,有时会导致植株死亡。不同种类的植物,其耐水力不同。一般不耐涝的乔、灌木,在积水中浸泡3~5天,就会发生树叶变黄脱落的现象。幼龄苗和老年树本身生命力弱,更不抗涝,要特别注意防范。因此,要依据情况及时排水。绿化中常用排水方法有以下几种。

1.地表排水法 这是最常用、最经济的排水方法。利用自然坡度排水,或将地面改造成一定坡度,保证雨水顺畅流走。坡度设置应合适,地面坡度以 $0.1°$ ~$0.3°$ 为宜。坡度过小易导致排水不畅,坡度过大则易造成水土流失;且地面要平坦,不要有坑洼处,以免造成积水。

2.明沟排水法 在不易实现地表径流的绿化地段,挖一定坡度的明沟排水的方法,叫做明沟排水,尤其适用于发生暴雨或阴雨连绵造成积水很深的地方。明沟沟底坡度以0.1%~0.5%为宜,宽度视水情而定。

3.暗沟排水法 在绿地下挖暗沟或铺设管道,借以排出积水。这种方法节约用地,既能保持地面原貌,又不影响交通。

4.机械排水法 在地势低,采用沟排水有困难时,可采用抽水泵进行排水。此法适用于绿地面积不大、积水量不多或大雨后抢救性的排除积水。

(三)施肥

植物生长所需的营养元素由空气、水及土壤中获得。主要有碳(C)、氢(H)、氧(O)、氮(N)、磷(P)、钾(K)、钙(Ca)、镁(Mg)、硫(S)、铁(Fe)、铜(Cu)、锌(Zn)、硼(B)、钼(Mo)、锰(Mn)、氯(Cl)等。前10种植物生长需求量较多,称为大量元素;后6种的需要量很少,称为微量元素。虽然植物对各种元素的需要量差别很大,但缺少任何一种元素都会影响植物生长。碳、氢、氧是组成植物的主要元素,能从空气和水中获得;其余各种元素从土壤中获得。植物对氮、磷、钾的需要量最大,当需要量大于土壤中的供应量时,需以施肥形式加以补充;其他的各种元素,一般条件下可以从土壤中获得,如有不足,亦需加以补充。例如,铁在石灰性土壤中,有效性降低,引起植株黄化,需适当补充;南方地区,因雨水多,钙、镁容易流失,需适当补充。

1.肥料种类

(1)有机肥 又称长效肥料或迟效性肥料。它含有氮、磷、钾等多种营养元素和丰富

的有机质,其肥效长,养分足,来源广,改良土壤效果好,常作基肥用。常用的有堆肥、厩肥、圈肥、人粪尿、饼肥、骨粉、鱼肥、血肥、作物秸秆、树枝、落叶和草木灰等。有机肥在逐渐分解的过程中,能释放出各种营养元素和大量的二氧化碳等供植物所利用,其作用是任何化肥所不能替代的。但是所用的有机肥要充分发酵腐熟和消毒,以防烧坏植物根系和传播病虫害等。

(2)无机肥 又称矿质肥料或速效性肥料。是由化学方法合成或由天然矿石提炼而成的化学肥料,常做追肥用。主要有氮肥(尿素、硫酸铵等)、磷肥(过磷酸钙等)、钾肥(氯化钾、硝酸钾)、复合肥(磷酸二氢钾、氮磷钾混合颗粒肥等)。其肥效较快,使用方便卫生,能及时满足植物不同生长发育阶段的要求。

2.施肥依据

(1)肥料种类和植物的生长期 施肥要考虑肥料种类以及是否能满足植物生长发育的需要。氮肥能促进枝叶快长,并有利于叶绿素的形成,使植株青翠挺拔。氮肥或以含氮为主的肥料应在春季大量施用,以利于促进枝梢生长;花芽分化期、开花期与结果期,应施磷、钾肥,切忌施氮肥过多,否则会影响花芽分化;入秋落叶后,某些植物根系处于生长高峰,此时应施磷肥,之后随苗木逐渐进入休眠期,应适时增施钾肥,促进苗木充分木质化,停止使用氮肥,防止植株徒长,以利于安全越冬。除此之外,此时还应增施足够的有机肥,以补充翌年早春树木对养分的需求。

(2)植物生长状况 施肥要"对症下药",应根据植株营养缺乏的不同症状决定施肥的种类。

(3)土壤状况 施肥前要考虑土壤的质地、结构、含水量和酸碱度等。如积水或多雨时施肥,易使养分淋失。然而,土壤水分缺乏时施肥,会由于土壤中肥分浓度过高,植物不能吸收利用而导致毒害。

(4)天气状况 一些天气因素影响,如温度、降水量等会影响肥效。例如,低温对磷元素抑制作用最强,且低温可使植物本身生命活力降低,吸收养分的功能减弱;多雨可导致缺镁;干旱可导致缺硼、钾和磷等。

3.施肥时期

园林树木的施肥时间,应根据树木生长的要求和天气状况等灵活安排。合理的施肥时间能够使养分更好地被树木吸收利用,更有效地发挥肥料的作用。在生产上,施肥常分为基肥和追肥两大类。基肥要早,追肥要巧。

基肥是在较长时间内供给植物养分的基本肥料,一般使用长效肥,如厩肥、堆肥、饼肥和人粪尿等。树木栽植前一般先施基肥,厩肥和堆肥通常在整地前翻入土中或埋入栽植穴内,人粪尿或饼肥一般在播种或移植前进行沟施或穴施,也可与一些无机肥料混合施用。在苗木生长过程中,每隔一段时间要为其施基肥,一般的园林树木1年施基肥

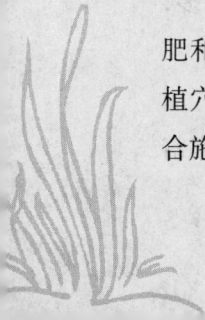

2次,春秋各1次。春季施基肥能为植株提供生长所需的充足长效营养,并满足春季根系生长、发芽、开花和新梢生长的需要;秋季施肥应当早,避免树木枝梢徒长,不利于越冬防寒。北方一些地区,早秋一些植物正是根系生长高峰及有机养分积累的时期,此时施基肥,能提高树体的营养贮备和翌年早春土壤中养分的及时供应,相比较而言早春施用效果欠佳。

追肥是根据植物生长需求而用于补充营养的施肥方法。追肥一般用速效肥。追肥可以向土壤施肥,也可以根外施肥,可撒施、沟施和结合灌溉施入等。追肥要分时期,通常花前、花后及花芽分化期要施追肥。对于观花、观果植物,花后追肥更为重要,多年生花卉分别在春季开始生长后、花前花后、秋季叶枯后(施厩肥、堆肥)施追肥,追肥要合理地使用氮、磷、钾肥。例如,花后幼果期施氮肥过量或比例过大,容易造成大量落果;一二年生花卉幼苗期,应主要追施氮肥,生长后期主要追施磷、钾肥。追肥还要注意次数,例如多年生花卉追肥次数较少,一般3~4次,初栽2~3年的园林树木,每年的生长期也要追肥1~2次。另外,还要考虑肥料种类,硝态氮肥和尿素由于易淋失,最好在灌溉后或雨后土壤潮湿时追施。

4.施肥深度

施肥主要是为了满足植物生长发育所需各种营养元素。从某种角度来看,施肥深度对肥效有很大影响。只有把肥料施在距根系集中分布层稍深、稍远的部位,才有利于根系向更深、更广的方向扩展,以便形成强大的根系。

植物种类不同施肥深度不同。木本花卉、小灌木,与高大的乔木相比,施肥相对要浅。

不同土壤状况影响施肥深度,如沙地、坡地和多雨地区,养分易流失,宜在植物需要时深施基肥,

不同种类肥料施用深度也不同。氮肥在土壤中的移动性较强,可浅施;钾肥的移动性较差,磷肥的移动性更差,均应深施到根系分布最多处。

5.施肥量

施肥量受植物的种类、植物生长时期、土壤状况和肥料的种类等多方面的影响。有的植物喜肥,则多施,如榆叶梅、牡丹、梧桐等;有的耐瘠薄,可少施,如刺槐、沙棘、悬铃木等;植株小的少施,植株大的多施;开花结果多的较开花结果少的多施;土壤贫瘠的多施,土壤肥沃的少施;氮、磷、钾等大量元素肥料较之微量元素肥料施用多。施肥量计算公式为:

施肥量=(苗木所需肥料元素量-土壤供给量)÷肥料利用率

在园林绿化工作中一般根据经验施肥,有的按树木胸径计算施肥量。一般胸径8~10厘米的树木,每株施浓粪尿12~25千克;10厘米以上的树木,每株施浓粪尿25~50千克。花灌木可酌情减少。

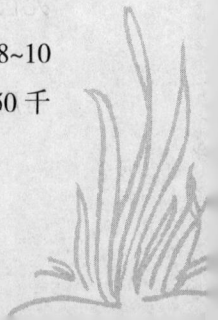

6.施肥方法　施肥方法主要有土壤施肥和根外追肥两种。

（四）中耕除草

中耕和除草往往相辅进行。中耕能疏松土壤,改善土壤通气透水状况,促进土壤微生物的活动,有利于土壤中有机物的分解,提高植物对土壤养分的利用率;中耕切断了土壤表层的毛细管,从而可减少土壤水分的蒸发。在盐碱地上,还可防止土壤返碱返盐,防除部分病虫害。中耕一般在灌溉后或雨后进行。除草除了可以清除杂草、增加主景区的美化效果,还可以减少水分和养分的消耗。除草一般要做到"除早、除小、除了",初春杂草生长时就要铲除,但因杂草种类繁多,不能一次除尽,要多次进行,也可以结合使用化学除草剂除草。

中耕除草的深度、次数和时机,要根据天气状况、植物种类和土壤状况等来确定。例如,草本植物1年多次,花灌木1年2~3次,小乔木1年1~2次,乔木、大灌木可1年1次。中耕除草时间大体安排在上半年至初秋以前,在土壤不过干和不过湿的情况下进行。在天气晴朗或雨后2~3天中耕,可获得最大的保墒效果。

中耕除草时应避免碰伤植物体,生长在地表的浅根可适当削断;中耕的深度和范围,因植物种类及植物当时根系的生长状况的不同而不同。一般树木中耕范围在树冠投影半径的1/2以外至树冠投影外围范围内。灌木、草本植物中耕深度较乔木小些。

（五）防治病虫害

1.园林树种常见传染性病害及其防治

引起树木生病的病原主要有两种,即生物性病原和非生物性病原。生物性病原是指寄生在苗木上的致病生物。生物性病害具有传染性,由先感染的个体形成发病中心,然后传染到周围健康树木,使感染越来越严重,因此又称为传染性病害。非生物性病原是指不适应的环境因素,如冻伤、灼伤等,是非传染性的,又称为生理病害。树木病害的防治要贯彻"预防为主"的方针,把"防"放在第一位,"治"则是辅助手段。以下主要介绍生物性病原引起的病害。

（1）白粉病

①病原　由真菌中的白粉菌引起。

②发病部位　多发生于叶片上,也发生于嫩枝和幼果。

③主要症状　病斑上出现薄薄的一层白粉,后期粉斑上长出黑色小点,病斑变成灰色。受害病叶常不能展开,扭曲变形甚至黄化脱落,受害病嫩枝影响木质化,严重时整株死亡。

④常见病症　常见有朴树白粉病、紫薇白粉病、芍药白粉病、月季白粉病、水曲柳白粉病等。

⑤防治方法　防止苗木长期处于高湿、高温、密闭状态,保持通风透光和凉爽环境。

冬季强度修剪病枯枝,做到及时、连续每年清除病枝、落叶。合理施肥,控制氮肥,防止枝叶贪青徒长,做到氮、磷、钾三要素合理搭配,使植株生长健壮,提高抗病能力。适当施用硼、硅、铜、锰等微量元素以提高树木抗病性。发病初期选喷 1% 波尔多液,或 50% 多菌灵可湿性粉剂 800~1000 倍液,或 25% 粉锈宁可湿性粉剂 1000~2000 倍液防治。

(2)斑点病

①病原　真菌、细菌和病毒都可引起斑点病。

②发病部位　多发生于叶片和果实,是很常见的一类病害。

③主要症状　斑点有大小、形状、颜色的不同,通常为褐斑,近圆形或不规则形,有时还具轮纹状。发病初期一般褪绿变黄,后期病部组织坏死。斑点上出现黑色小颗粒。

④常见病症　如月季黑斑病、紫荆角斑病、南天竹红斑病、广玉兰斑点病、桂花褐斑病、山茶斑点病等。

⑤防治方法　清除病枝落叶,集中销毁,减少传染源。加强植株栽培管理,提高抗病力。幼树移栽时喷洒高锰酸钾 1000 倍液消毒。春末、夏初喷洒 1:1:200 波尔多液。发病初期喷 50% 多菌灵可湿性粉剂 1000 倍液或 70% 甲基托布津可湿性粉剂 1000 倍液,隔 10~15 天 1 次,连喷 2~3 次。

(3)锈病

①病原　由真菌中锈菌目的一些种类引起。

②发病部位　发生于苗木枝、叶、干和果等部位。

③主要症状　病部出现锈黄色的粉状物,或内含黄粉的泡状物和毛状物。植物受害后多形成斑块、须状物或肿瘤。

④常见病症　草坪锈病、玫瑰锈病、竹竿锈病、大叶合欢锈病等。

⑤防治方法　清扫落叶,集中烧毁,减少传染源。调整树木株行距,适当通风。加强栽培管理,多施磷、钾肥,提高植株抗病力。春末、夏初喷 1:1:200 倍波尔多液 2~3 次预防。也可以喷施波美度 3~4 的石硫合剂,或交替喷 20% 粉锈宁可湿性粉剂 1000 倍液,或 65% 代森锌可湿性粉剂 500~600 倍液防治。

(4)炭疽病

①病原　由炭疽菌属的真菌引起。

②发病部位　主要危害叶片,通常发生在嫩枝和果实上。

③主要症状　发病部位主要表现为不同形状、大小和颜色的坏死斑,逐渐扩大至圆形轮纹状,后期有黑色点状物形成,潮湿条件下病斑上出现粉红色黏液状的分生孢子堆,造成病叶脱落、枯梢、落花落果,严重时使幼苗大量死亡。

④常见病症　含笑炭疽病(病斑初期呈小斑点,扩大后有轮状斑纹,边缘稍隆起)、山茶炭疽病(病斑有不明显同心轮纹,边缘分界明显)、泡桐炭疽病、桂花榕树炭疽病、杉木

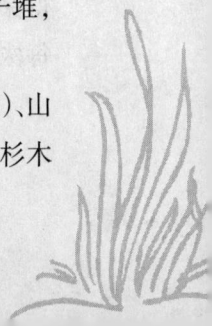

炭疽病等。

⑤防治方法　清除历史病株,及时清理脱落病叶并烧毁,减少传染源。合理密植,使苗木通风透光。注意树木养分平衡,少施氮肥,多施磷、钾肥,增加树木抗病性。早春新梢生长后,喷施1%波尔多液以防初次感染。发病初期喷施70%甲基托布津可湿性粉剂800~1000倍液和80%炭疽福美600倍液交替防治。

（5）煤污病

①病原　引起煤污病的病菌种类较多,有的甚至可以在一种树木上找到两种以上的病菌。主要病原为真菌中的子囊菌纲的病菌,常由蚜虫、介壳虫和粉虱为害后引起。

②发病部位　发生在多种苗木大树的叶片上,严重时危害嫩枝。

③主要症状　主要表现在叶和小枝条出现黑色辐射状霉斑,连片后呈薄绒状黑色霉层,严重时全株黑色,既降低了观赏性,又影响植物的光合作用。

④常见病症　牡丹煤污病、含笑木兰科煤污病、天竺桂煤污病、樟树煤污病、山茶科煤污病、毛白杨煤污病、木槿煤污病等。

⑤防治方法　注意通风透光,降低湿度,合理密植。消灭介壳虫、粉虱和蚜虫,切断传染途径;适度修剪严防感染病、虫的枝叶。喷灌冲洗苗木枝。用10%吡虫啉可湿性粉剂2000倍液喷雾杀虫。喷施1:1:50波尔多液,每天1次,连续5天。休眠期间用波美度3~5的石硫合剂涂抹枝、干。

2.园林常见虫害及其防治

（1）食叶害虫

①种类　食叶害虫种类很多,是园林树木的主要害虫,主要分属于昆虫纲的8个目,最主要的是鳞翅目以及膜翅目、直翅目的部分种类。

②为害特征　食叶性害虫主要危害健康的树木,特点是咬食叶片、幼芽和幼茎,为害后削弱树势,严重时使苗木光秃,造成强迫休眠或树木死亡,并为天牛等蛀干性害虫为害创造条件。食叶性害虫为害大多都表现一定的间歇性和周期性,种群数量多时容易引起大暴发,造成大面积园林树木受害。

③防治方法　加强预报,如果年前出现暖冬,春、夏气温高且雨水较少,有利于害虫大暴发,应特别注意防治。加强栽培管理,促进树木健壮生长。注意针、阔叶树种混交种植,可减少害虫为害。招引白头翁、灰喜鹊、灰掠鸟等益鸟和赤眼蜂等寄生蜂除治。对鳞翅目害虫,应抓住1~3龄时期及早防治。推广使用20%灭幼脲2000~3000倍液喷雾,或森得保等无公害农药喷粉杀灭。树体高大的可用40%氧化乐果1倍稀释液注入树干防治,每株树注药液3~4毫升/10厘米胸径,注药后封好洞口。

二、整形与修剪

(一)整形与修剪的时间

园林树木的修剪时期一般分为生长期修剪和休眠期修剪。

大多数树木主要在休眠期修剪。此时树木生长停滞,树体内养料大部分集中到根部,修剪对于树木营养损失少,且由于在寒冷季节修剪,伤口不易感染病菌。休眠期修剪对树冠的构成、枝梢的生长、花果枝的形成等有重要作用。

(二)修剪的方法

园林苗木修剪方法很多,主要介绍以下常用的几种。

1.短截　短截是剪去一年生枝条的一部分,保留基部枝段的修剪方法。短截能促进剪口下部芽的萌发,特别是剪口下第一个芽,短截越强,刺激作用越大。根据留剪长度分,短截有轻短截、中短截、重短截、极重短截四种。

(1)轻短截　轻短截是只剪掉枝梢部分,占枝条的1/4~1/3。短截有利于缓和枝条的长势,促进下部芽萌发成枝。剪口下部的芽,其中一些可发育成短枝,剪口芽饱满时,可发育成较旺盛枝条。轻短截常用于促进发枝、开花、结果。

(2)中短截　中短截是在枝条中部或中上部,约占枝条的1/2,在饱满芽上方进行短截。剪后的枝条相对养分充足,促进中下部发枝。削弱顶端优势,将其转移到剪口芽上,使其发育旺盛,长势强。中短截主要用于培养延长枝和弱枝复壮,可增加中长枝和发枝量。

(3)重短截　重短截是剪去枝条的2/3左右。剪口以下的芽可萌发新枝,1~2个芽生长旺盛,用于弱树、弱枝的复壮更新。短截越重,局部刺激作用越强,萌发成长枝的比例越大。由于重短截剪去的部分很多,所以非不得已不宜过多采用此法,否则一年的生长就失去了意义。

(4)极重短截　仅在一年生枝条基部留2~3个芽,将枝条剪掉。主要用于促进枝条基部隐芽的萌发。由于剪口芽很弱,剪后生成中短枝。常用于枝干光秃部位,枝条抽生过长、周围枝条又过多的情况下。极重短截使新发枝条既不过长又能紧靠骨干枝生长。

另外,对两年以上的多年生枝条进行短截,称为回缩。回缩修剪技术可刺激发枝,有更新复壮作用。月季开花后在枝条基部保留2~3个芽进行回缩,可增加开花量与开花次数。回缩会减少全株总生长量。

2. 疏枝　从基部深处剪除过多过密的无用枝条的修剪方法叫疏枝。应用较为广泛,是减少树冠内枝条数量的修剪方法。剪掉的可以是一年生枝,也可以是多年生枝。疏枝可以改善树冠通风透光条件,让保留的枝条获得更多的养分、水分和空间,使树木生长健壮,同时也可以提高园林树木的观赏性。一些萌芽力强的灌木,往往枝条丛生,应及时疏枝,如连翘、黄刺玫、金银木等。对于乔木树冠疏枝,可调节内部枝系,有利于树木生长;但萌芽力弱的树种如玉兰,应慎用疏枝法。为防止绿篱枝条密生,冠内枝条枯死,必须疏枝,

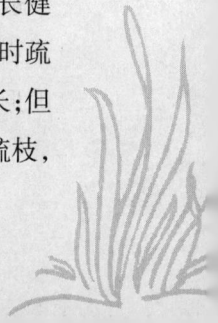

不能只进行短截。

疏剪有轻重之分,即轻疏(疏除全树 10%以下的枝条)、中疏(疏除全树 10%~20%的枝条)、重疏(疏除全树 20%以上的枝条)。不同树种选择疏枝的强度不一样。萌芽力、成枝力都强的树种可多疏,弱的轻疏;衰老期树木,发枝力弱,为保证有足够的枝条组成树冠,只疏除病枯枝。成年树,枝条多且生长与开花进入盛期,为调节生长,促进长期开花结果,适当中疏;幼树则宜轻疏,以促进树冠迅速成形。

3.摘心　摘掉枝条顶端幼嫩梢尖的修剪方法叫摘心。

4.环剥　就是在枝条上将一段树皮(达韧皮部,露出木质部)剥除,阻碍枝条上部碳水化合物向下运输,促使伤口以上部位营养物质的积累,促进花芽形成。与环割作用相同,但比环割的强度要大。但如果环剥的强度过大,会使上部枝条死亡,故一般为枝条粗度的1/10~1/8。若为促进花芽分化,环剥宜在花芽分化前进行;若为提高产果率,宜在开花前后进行。

5.曲枝　指对一年生枝条或多年生枝条,改变其枝梢方向的做法。目的是开张骨干枝角度以扩大树冠,改善内部光照,缓和枝条长势,促进开花结果。

6.扭枝　在新梢半木质化时,在当年新梢中下部或基部,用手指将枝条掐住扭曲,使韧皮部与木质部伤而不折,有利于伤口前部的芽形成花芽,后部的芽萌发成中庸枝条。常用于改造直立枝、过密枝和不结果枝。

7.注意事项　疏枝修剪时应避免剪口(伤口)过大,应选用适当的剪枝方向以缩小伤口,或适当留桩以减小伤口。直径 2 厘米以上枝条疏枝后,伤口应涂抹油漆或防腐剂。

（三）整形的形式与方法

1.灌木的整形与修剪　要先了解植物种类、植株长势、周围环境及其在园林中所起的作用等,然后再选择时间、强度和方法来进行整形修剪。

（1）修剪时间　主要有两个时期,即冬季修剪和夏季修剪。冬季修剪一般在休眠期进行,主要修整骨架并且便于顺利越冬。夏季修剪在花落后进行,目的是抑制营养生长,促进花芽分化,保证翌年开花。夏季修剪宜早不宜迟,这样有利于控制徒长枝的生长。如果条件允许,可用摘心的方法,增加开花的数量和次数。对于刚移植的灌木,裸根移植的,一般强剪,以促成活;带土球移植的,可适当轻剪;移植后当年在开花前尽量剪除花芽,避免消耗养分,以利于植株恢复。

（2）不同树势修剪　幼树生长旺盛,以整形为主,宜轻剪。老弱树木以更新复壮为主,一般采用重短截,萌发壮枝,若不能更新复壮的衰老树木,只疏除病虫枝、枯死枝。壮年树适当短截,促使多开花,提高观赏性。凡病虫枝、干枯枝、人为损坏枝、徒长枝、影响景观的畸形枝等一律疏剪掉。

（3）根据树木生长习性和开花习性进行修剪　有下列几种情况。

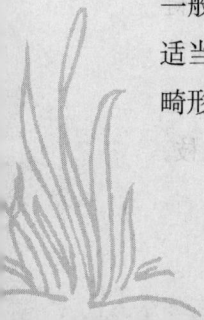

①春季开花灌木 花芽是在前一年的夏季进行了分化,经过冬季,第二年春季开花,如迎春、连翘、榆叶梅、碧桃、牡丹等,这种灌木应在花残后进行修剪。修剪的部位依植物种类不同而有所不同,牡丹仅将残花剪除即可,而连翘、榆叶梅、碧桃、迎春等在开花枝条基部留2~4个饱满芽进行短截。

②夏秋季开花的花灌木 花芽是在当年萌发枝上形成,当年开花,如珍珠梅、紫薇、木槿等,这种灌木应在休眠期进行修剪。将二年生枝基部留2~3个饱满芽进行重剪,剪后可萌发出一些茁壮的枝条,花枝会少些,这样开出的花朵较大。一些灌木若希望一年内有两次开花,可在花后将残花及其下部的2~3个芽剪除,刺激二次枝条的抽生,并加强水肥管理实现第二次开花。

③花芽(或混合芽)着生在多年生枝上的花灌木 营养条件适合时多年生的老干亦可分化花芽。对于这类灌木,处于开花阶段时修剪要注意,在早春,可将枝条先端枯干部分剪除,切勿重剪,以免剪掉着生花芽的枝条;在生长季节,为防止当年生枝条过旺而影响花芽分化,可进行摘心。此类灌木如紫荆、贴梗海棠等。

④花芽(或混合芽)着生在开花短枝上的花灌木 早期长势较强,每年自基部发生很多萌芽,主枝上抽生大量直立枝,进入开花年龄后多数枝条形成开花短枝,连年开花。这类灌木一般只在花后剪除残花,夏季生长旺时可适当摘心并进行适当疏枝。此类灌木如西府海棠等。

⑤一年多次开花的灌木 如月季,生长期可多次修剪,可在花梗下方第二芽至第三芽短剪,花谢后再剪,如此重复。休眠期可对当年生枝条进行短剪或回缩强枝,并疏除病虫枝、交叉枝、并生枝、弱枝、畸形枝及内膛过密枝。寒冷地区可进行强剪越冬。

2.绿篱的整形与修剪 绿篱在城镇园林绿地中占有重要地位,一般选用萌芽力强、成枝力强、耐修剪的树种。对绿篱进行修剪,一方面为了造型,整齐美观,另一方面为了改变树势、调节生长。

对绿篱要进行定期修剪。在南方,植物生长较快,精心养护的绿篱每年需要修剪4~5次,一般在二三季度就要修建3~4次,冬季可少修剪。若有重大节日,可在节日前10天进行修剪。北方修剪次数较南方要少。

中篱和矮篱常用于草地、花坛、园林小路镶边等。这类绿篱低矮,采用规则式修剪整形较多,如矩形、梯形、倒梯形、台阶形、波浪形等。绿篱种植后剪去高度的1/3~1/2,统一高度,修除杂乱枝,兼顾顶面与侧面的修剪;定期整形修剪,使新枝不断更新和替换老枝,且保持良好造型。另外,要注意疏枝,避免因内部枝条过密而导致植株生长不良。

绿墙、高篱和花篱采用自然式修剪较多。只须适当控制高度,并疏剪病虫枝、干枯枝等即可,任枝条生长,使其枝叶成片紧密相接,提高阻隔效果。

3.藤本类的整形与修剪 在园林绿化中,对藤本植物很少加以修剪管理,但在一般的

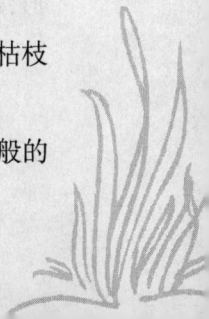

园林绿地中则有以下几种处理方式。

（1）平面式　多作为地面绿化，任植株在地面匍匐生长，修剪时注意厚度与范围。

（2）立面式　多用于墙面、栏杆的绿化，只需将藤蔓引于墙面或栏杆，任其蔓爬，修剪时注意各蔓枝在壁面上应分布均匀，勿相互重叠交错。

（3）棚架式　应在近地面处重剪，使抽生条强壮。然后垂直诱引主蔓至棚架的顶部，并使侧蔓均匀地分布架上，形成荫棚后隔数年对病、老和过密枝进行疏剪。一般不必每年剪整。

（4）灌丛式　对于一些茎蔓粗壮的种类，如紫藤类，可以修剪整形成灌丛式。此式如用于公园道路旁或草坪上，可收到良好的景观效果。

三、园林植物的防护管理

(一)夏季防护

夏季高温炎热，对新栽幼树、珍贵树种和树皮光滑较薄的树种，都要在夏季高温来临之前做好防护工作。

凡不耐旱的树种，栽植后都应将主干和主枝涂白或喷白，以防树皮晒裂；或用草绳包卷树干，以防日灼。草绳一般卷到分枝点处。草绳如有松散脱落，应及时整好，发现霉烂的应及时更换。

(二)冬季防护

44

北方冬季气温低，树木细胞和组织容易受到低温伤害，对于不耐寒的树种应该采取防护措施。平时就要注意栽培管理，促进树体内营养物质的储备，提高抗寒力。入冬前要灌1次冬水，早春灌春水，防寒。易受冻害的植株，可用培土、涂白、主干包草等方法防护。对于已受冻害的植株要轻剪，并加强水肥管理。

(三)特殊天气防护

生长季节里，由于急剧降温，水汽凝结成霜使植株幼嫩部分受冻成为霜害。早春容易受到霜害，可采用灌春水或涂白的方法，推迟树木萌动期，以避开晚霜危害；在发生霜冻的黎明人工降雨或喷雾；熏烟法、吹风法也是比较有效的方法；另外要加强水肥管理，提高植株抗性。

多风地区易发生风害，轻则树木干梢，重则枝叶折损，甚至主干折断。预防风害，首先在多风地选择抗风树种，适当密植，并修剪成低干矮冠树形；其次适当深植，控制修剪整形，定植后立支柱等。对于幼树、名贵苗木，可设置防风障。

干旱季节注意防旱，可采取适时灌溉、松土和庇荫等措施。

多雪季节或地区，应在雪前对树木大枝设立支柱，枝条过密应适当修剪，雪后及时震落积雪。

（四）巡查防护

对一些重点绿地，尤其是新建绿地，应安排人员加强巡查看管。做好爱护花草树木的宣传，对于损坏树木、花草的行为应及时劝阻和制止，立好警示牌，协同相关部门保护好树木，尤其是珍贵苗木古树，不得乱砍滥伐。经常进行系统检查，发现异常情况及时汇报，以便及时处理。

（五）树体清洁

空气中常有粉尘和扬土，尤其是城市中工厂周围污染严重，时常使城市园林树木的枝叶上滞留尘土颗粒，甚至有害成分，不仅堵塞植物气孔，影响植物生长，还破坏了景观效果。因此，要定时进行树体清洁，特别是在久旱少雨季节，应定期喷水清洗，必要时可刷洗叶片。注意，喷水时不要用高压水龙头，以免因冲水力度过大损伤苗木。夏季避开酷热天气清洗。

第三章 休闲农业客房服务

第一节 休闲农业企业客房服务

一、客房部的地位、作用与任务

客房是休闲农业企业宾馆的主要产品,是供人住宿、休息、会客和洽谈业务的场所,客房部肩负着组织生产和提供客房产品等任务,客人在酒店停留时间最长的地方就是客房,而客房带来的收入更是占了大部分休闲旅游收入的一半以上。因此,客房管理质量的高低,不但是休闲农业企业整体服务质量的反映,还直接影响到企业的营业收入。

按目前国家的标准,酒店宾馆的规模是由客房的床位和数量决定的,酒店有300间客房属小型酒店,300~600间属中型酒店,600间以上称大型酒店。客房收入是休闲农业企业收入的主要来源之一。

一般情况下,休闲观光农业企业的收入来源于三部分:(1)综合娱乐设施的收入;(2)客房收入;(3)餐饮收入。尤其客房消耗低,创利润高,因此客房利润是休闲观光农业企业收入的最主要来源,同时客房也是带动其他部门的枢纽。只有保持较好的住房率,休闲农业企业的其他设施才能充分地利用。

二、客房服务基本技能

铺床的程序和要求:

(一)西式铺床

1.将床拉离床头板

①弯腰下蹲,双手将床架稍抬高,然后慢慢拉出。

②将床拉离床头板约50厘米。

③注意将床垫拉正对齐。

2.垫单(第一张床单)

①开单 用手抓住床单的一头,右手将床单的另一头抛向床面,并提住床单的边缘

顺势向右甩开床单。

②打单 将甩开的床单抛向床头位置,将床尾方向的床单打开使床单的正面朝上,中线居中。

③手心向下,抓住床单的一边,两手相距80~100厘米。

④将床单提起,使空气进到床尾部位,并将床单鼓起。

⑤在离床面约70厘米高度时,身体稍右前倾,用力拉下去。

⑥当空气将床单尾部推开的时候,利用时机顺势调整,将床单尾方向拉正,使床单准确地降落在床垫的正确位置上。

⑦床单必须一次性到位,两边所落长度需均等。

3.铺衬单(第二张床单)

①衬单与铺垫单的方法基本相同,不同的地方是铺好的衬单,单沿须包角。

②甩单必须一次性到位,两边所落长度需均等。

4.铺毛毯

①将毛毯甩开平铺在衬单上。

②使毛毯上端与床垫保持5厘米的距离。

③毛毯商标朝上,并落在床尾位置,床两边所落长度需均等。

④毛毯同样一次性到位。

5.包角边

①将长出床垫部分的衬单翻起盖住毛毯(单折)60厘米或是30厘米。

②从床头做起,依次将衬单、毛毯一起塞进床垫和床架之间,床尾两角包成直角。

③掖边包角动作幅度不能太大,勿将床垫移位。

④边角要紧而平,床面整齐,平坦,美观。

6.放床罩

①在床尾位置将折叠好的床罩放在床上,注意对齐两角。

②将多余的床罩反折后在床头定位。

7.放枕头

①两手抓住袋口,边提边抖动,使枕芯全部进入枕袋里面。

②将超出枕芯部分的枕袋掖进枕芯里,把袋口封好。

③被压处朝上,压倒的朝下,枕套口与床头柜是相反的方向。

④套好的枕头必须四角饱满,平整,且枕芯不外露。

⑤两个枕头放置居中。

⑥下面的枕头应压住床罩的15厘米,并进行加工处理。

⑦放好的床侧两边均匀。

⑧将床复位

(二)中式铺床

1.将床拉离床头板

(1)弯腰下蹲,双手将床架稍抬高,然后慢慢拉出。

(2)将床拉离床头板约50厘米。

(3)注意要将床垫拉正对齐。

2.铺垫单(第一床单)

(1)开单 用手抓住床单的一头,右手将床单的另一头抛向床面,并提住床单的边缘顺势向右甩开床单。

(2)打单 将甩开的床单抛向床头位置,将床尾方向的床单打开,使床单的正面朝上,中线居中,手心向下抓住床单的一边,两手相距80~100厘米,将床单提起,使空气进到床尾部位,并将床单鼓起,在离床面约70厘米高度时,身体稍向前倾,用力打下去,当空气将床单尾部推开的时候,利用时机顺势调整,将床单往床尾方向拉正,使床单准确地降落在床垫的正确位置上。

(3)包角 包角从床尾做起,先将床尾下垂部分的床单掖进床垫下面,包右角,左手将右手侧下垂的床单拉起折角,右手将右角部分单掖入床垫下面,然后左手将折角往下垂拉紧包成直角,同时右手将包角下垂的床单掖入床垫下面。包左角方法与右角相同,左右手的动作相反,床尾两角与床头两角包法相同。

3.装被套

(1)把被褥两角塞进被套两角并系好带固定,双手抖动使被褥均匀地装进被套中,再把外面两角系好带固定,并系好被套口。

(2)被套正面朝上,被套口向内并位于床尾。平铺于床上,床头部分开与床头齐,四周下垂的尺度相同,表面要平整。

(3)把床头部分的被套翻至30厘米处。

4.套枕套

(1)将枕芯平放在床上。

(2)两手撑开枕袋口,并把枕芯往里套。

(3)两手抓住袋口,边提边抖动,使枕芯全部进入枕袋里面。

(4)将超出枕芯部分的枕袋掖进枕芯里,把袋口封好。

(5)被压处朝上,压倒的朝下,枕套口与床头柜是相反的方向。

(6)套好的枕头必须四角饱满,平整,且枕芯不外露。

5.放枕头

(1)两个枕头放置居中。

48

（2）放好的枕头距床两侧距离均匀。

6.将床复位　弯腰将做好的床慢慢推进床板下，但要注意勿用力过猛。

7.外观　看一看床铺得是否整齐美观，对做得不够的地方进行最后整理，务必使整张床面挺括美观。

8.总体印象　操作要做到快、巧、准。

三、客房的清洁整理程序

（一）住客房的清洁整理

敲门进入房间→开窗通风（30分钟）→清理垃圾杂物，撤走用过的客房用品→做床→抹尘→清洁卫生间→补充客用物品→吸尘→喷洒消毒→复查（床上用品、一次性消耗品做到一客一换）

（二）空房的清洁整理

空房的清洁整理，主要是擦净家具、设备，检查房间用品是否齐备。空房的整理虽然较为简单，但却必须每天进行，以保持良好的状况，随时能住进新客人。

具体做法：

1.仔细查看房间有无异常情况，开窗通风。

2.每天更换电加热壶中的水。

3.用干湿适宜的抹布抹拭家具、设备、门窗等（与住客房程序相同）。

4.卫生间马桶、地漏放水排异味，抹卫生间浮尘。

5.连续空着的房间，每隔3~4天吸尘一次。同时卫生间的水龙头放水1~3分钟，直至水清为止，以保持水质清洁，擦净水渍、水痕。

6.卫生间"四巾"因干燥失去柔软性，必须在客人入住前更换新的。

7.检查房间设备情况，要看天花板、墙角有无蜘蛛网，地面有无虫类。

（三）小整理服务

小整理服务是对住客房而言的，就是在住客外出后，客房服务员对其房间进行简单的整理。其目的就是要使客人走进房有一种清新舒适的感觉，使客房经常处于整洁干净的状态。小整理服务是充分体现优质服务的一个重要方面。

具体做法：

1.拉回窗帘，整理客人午睡后的床铺。

2.清理桌面、烟缸、纸篓内和地面的垃圾杂物（吸尘），注意有无未熄灭的烟头。

3.简单清洗整理卫生间，更换客人用过的"四巾"、杯具、撤出使用过的餐具等。

4.补充房间茶叶和其他用品。

四、客房服务程序规范

(一)住客迎接程序

1.根据总台的通知单,尽可能详细地了解客情。

2.做到"七知、三了解":知接待单位、人数、国籍、身份、生活特点、接待标准、健康状况;了解客人到(离)店时间、了解车、船、航班时间、了解客人宗教信仰。

1.布置房间 根据客人的宗教信仰、生活特点、标准及规格,对客房进行布置(应检查客房布置是否合乎规范)。

2.楼层迎宾

(1)迎客服务 电梯口迎接客人,引领客人进房间,送迎客茶,介绍房间设施及服务项目等。

(2)分送行李 协助行李生将客人行李(团队)分送至各房间。

3.住客服务

(1)周到、主动地为客服务。

(2)客人离房一次,跟房一次(标准:要求恢复客人进房时状况,但不得移动客人自行放置的物品)。

(3)客人洗熨的衣服要专人负责。

(4)送给客人的电报、信件、物品要用托盘送上。

(5)记录客人入住日期。

(二)叫醒服务程序

1.程序标准 接到客人要求叫醒电话:

(1)铃响三声内接听电话。

(2)按标准程序问候客人、报岗位名。

(3)问清房号、姓名及叫醒时间。

(4)重复客人叫醒要求,得到客人确认后,祝君晚安。

把叫醒要求告之总机,请对方确认。填写叫醒记录,填写客人房号、姓名、叫醒时间并通知相关岗位人员。

叫醒没有应答时请楼层服务员敲门叫醒。

(三)客人遗留物品的处理程序

1.程序标准 发现客人遗留物品时,及时报告。

(1)在客房范围内,无论何地拾到客人的物品,都必须尽快交到服务中心。

(2)如服务员在检查客房时发现了客人遗留物品,应及时跟总台联系,将物品交还客人;如客人已经离开,则应及时上缴楼层领班。

(3)服务中心服务员在收到客人遗留物品时,都应记录在"客人遗留物品登记表"上,

写明日期、房号、拾到地点、物品名称、拾物人姓名和班组。

.分类

（1）贵重物品　珠宝、信用卡、支票、现金、相机、手表、商务资料、身份证、回乡证、护照等。

（2）非贵重物品　眼镜、日常用品等。

3.保存

（1）所有遗留物品都必须保存在失物储藏柜里。

（2）贵重物品与非贵重物品分开存放,贵重物品应专人管理。

（3）贵重物品存放时间为一年半,非贵重物品保留时间为半年,开启的食物、饮料及药品保留时间为3天。

（4）超过保留期的物品,由客房部经理会同有关部门统一处理。

4.认领

（1）认领方式。直接认领或请人代为认领。

（2）问清有关问题,无误后,请认领人签字,并留下联系电话和地址。

（四）送客服务程序

1.准备工作

（1）掌握客人离店时间,问清客人是否需要叫醒服务、是否房间用餐。

（2）如客人次日离店,团队房要根据行李多少,安排行李员。

（3）要检查客房情况、各种账单及各项委托代办事项是否办好。

（4）客人临行前,服务员应利用房间服务的机会,检查各种物品及设备有无损坏或欠缺。

（5）临行前,应主动征求客人的意见。

2.送别　主动为客人按电梯,主动提行李,主动搀扶老、弱,送至电梯口,并致离别祝愿。

3.检查

（1）检查客人有无遗留物品。

（2）检查房间设施设备有无损坏,有无消费项目。

五、客房送餐服务规范

随着休闲农业企业的升级,越来越多的农家观光胜地为体现游客的舒适、享受,往往都设有客房用餐的服务——彬彬有礼的服务员推着精心布置好的餐车,轻轻敲响房门;男女主角度蜜月时在客房中享受两人世界,共进烛光晚餐,温馨、浪漫……客房送餐服务几乎成了高星级观光园的象征。这就要求客房服务员很好地与餐厅各部门合作,为宾客服务。

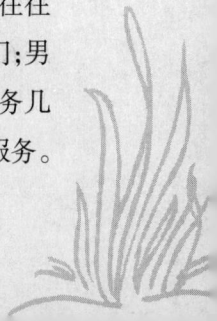

然而,在实践中,送餐服务却存在着种种不尽人意的地方,普遍存在送餐速度慢、餐具回收推诿、服务规范不到位等问题。现结合在管理过程中的一些心得,将客房送餐服务中应注意的服务与管理细节归纳如下。

(一)送餐菜单设计

客房送餐菜单的设计中应考虑以下因素:

1.视觉直观性　目前很多农家酒店已经采用明档点菜,简单明了,让宾客一目了然"特色菜"内容,避免了个别菜名让人不知所云的尴尬。保留菜单点餐的餐厅,也在菜单上作了改进,配上彩色插图,方便客人点菜。那么,客房送餐菜单为何不借鉴一下,配上精美的插图呢? 或许,这些诱人的美食图片就是最好的促销宣传呢?

2.烹饪便捷性　大多数要求提供客房送餐服务的客人是追求时效的,通常中餐、晚餐送餐时间控制在 40 分钟内。因此,在设计客房送餐菜单时应充分考虑菜肴的烹饪时间。一些烹饪时间较长(超过 20 分钟),如炖、蒸类的菜肴应避免列入菜单。

3.菜肴欣赏性　前面提到,客房送餐服务是体现高星级观光园服务水平的,因此送餐菜肴就必须注重品质。由于送餐路线较长(从餐厅到客房区域),对于一些容易变色或改变口味的菜肴也应避免列入菜单。

(二)服务流程设计

1.接听电话　客房送餐服务订餐电话必须具备来电显示功能,以便准确掌握客人的房间号码;订餐员应在电话铃响三声以内接听电话,准确记录并复述客人所点食品、酒水的种类、数量、特殊要求、客人的姓名、人数、要求的送餐时间等内容;告知客人送餐预计需要的时间;向客人道谢并等客人挂机后再挂断电话。

2.下单制作　客房送餐员在填写订单时应认真核对订餐的内容,以免遗漏;订餐单上要注明下单的时间,以便传菜组、厨房等环节掌握时间;厨房在接到送餐订单后,要特别注意时效及出菜的同步性,避免因某一道菜烹饪延时而导致其他已烹饪好的菜肴长时间等候而变冷。

3.送餐准备　送餐准备工作是否全面无遗漏,直接关系到送餐服务质量和服务效率。送餐员应根据客人所点菜品及酒水,准备好用餐餐具、酒杯、开瓶器等;准备好牙签、小方巾、盐瓶、胡椒瓶及其他调味品;准备好账单、找零零钱(如客人现金支付)、签字笔(如客人签单挂房账),提前与总台确认客人签单的权限等。

4.客房送餐　餐饮部应对送餐员进行严格的进房程序培训,进房前必须先敲门,通报身份,在客人示意进房后方可进入。如遇客人着装不整,送餐员应在门外等候,等客人穿好衣服后再进房送餐;进房后应征询客人用餐位置的选择及餐具回收的时间(或留下餐具回收卡,以便客人知道回收餐具的联系方式);退出房间前应面向客人并礼貌道别。

5.餐具回收　餐具回收应跨部门合作,往往成为管理上的空白点——餐具回收不及

时而导致餐具遗失,或剩菜存放过久变质,影响环境卫生等。因此,在餐具回收环节要注重以下细节:送餐组设立送餐餐具登记单(一式两联,餐饮、客房各一联),列出所有送餐的房号、餐具种类、名称、餐具回收的时间等,送餐完毕后请客房中心签收并各自留下一联。到了约定时间或客人来电收取餐具时,应及时收取餐具并核对。

(三)送餐餐车设计

餐车的布置也是体现送餐服务品质的重要因素,应充分考虑客人用餐的舒适度和美观。要做到:送餐推车清洁,保养良好;桌布、口布清洁,熨烫平整;摆放鲜花或装饰品;对外宾应提供西餐餐具并按西餐摆台要求摆放。

第二节　休闲农业企业客房入住客人需求五种心理

一、求干净的心理

住客对自己所住进房间的卫生状况是极为关心的,因为休闲农业企业的客房为成千上万的人所使用,在此当中各种人都有,可能有的客人患有传染病。客人希望客房的用具是清洁卫生的,特别是容易传染疾病的用具如茶杯、马桶等,他们都希望能严格消毒,保证干净。

二、求舒适的心理

住客因各种原因前来,来到一个陌生的地方,环境、气候、生活习惯的改变令他们有生疏感和不适感,他们都希望客房能让他们感到舒适、惬意,从而产生"家外之家"的轻松感。

三、求方便的心理

住客在客房住下后,都希望生活上十分方便,要求设备齐全,服务项目完善,需要洗衣只要填张单并将衣物放进洗衣袋,有什么问题要打听一下,只需向服务台挂个电话就行。需要什么,打个电话就能送到房间,一切都像在家中一样方便。

四、求安全的心理

客人住进客房,希望能保障他的财产以及人身的安全,不希望自己的钱财丢失、被盗;不希望自己在酒店的一些秘密被泄露出去;不希望发生火灾、地震等意外事故。万一出现火灾则希望服务员能及时采取措施保障其人身安全。

53

客人还希望在自己喝醉酒、有病或出现危险情况时,服务员能及时采取措施,保障自己的人身安全,不出危险。

五、求尊重的心理

客人希望自己是休闲农业企业的主人和服务员欢迎的人,希望见到服务员热情的笑脸,希望自己被尊重,希望服务员能尊重自己的人格,尊重自己对房间的使用权,尊重自己的意愿,尊重自己的朋友、客人,尊重自己的生活习俗、信仰等。

作为客房服务人员一定要掌握以上心理,才能更好地为客人服务。

第三节 休闲农业企业客房细微服务基本标准

一、接待服务

(一)房间整理服务

房间整理一般应在客人不在时进行。如客人在房内,应礼貌征询客人意见,得到客人同意后,方可清扫。如客人是在凌晨 0:00~6:00 期间入住的,应确保客人休息 8~10 小时后,再打电话询问是否整理。整理好客房,服务员应先检查房间有无客人遗留物品,一旦发现要及时按有关规定处理。

挂有"请勿打扰"牌的房间,服务人员不得进入清理。下午 2 时以后仍挂有此牌,要与客人电话联系,弄清原因,以防意外。房间挂有"请速打扫"牌时,应优先整理。毛巾、浴巾、牙膏等客用品每日或应客人要求补充齐全。住客 2 人以上的房间,毛巾、拖鞋、牙刷等日常用品,提倡用不同颜色区分,以便客人使用时识别。牙膏、牙刷等一次性消耗品要保证质量,牙膏、浴液、发液要有生产日期、保质期,无牙膏凝固、牙刷脱毛等现象。毛巾、浴巾等棉织品要柔软舒适,叠放整齐。整理房间时,服务员一般不得随意挪动客人物品,如确需挪动的,要在整理完后放回原处。

房间整理完毕,应仔细检查电器设备是否正常,一旦发现问题,及时报有关部门修复。若一时难以修复,可在征询客人同意后,为其调换房间。

(二)晚间整理服务

客房晚间整理服务,夏季一般在晚 7 时前后,冬季一般在晚 6 时前后进行。若客人在房间,整理前应征得客人同意。整理房间时,要检查灯具照明、电气设备等是否正常,控制按钮是否完好有效、开关自如。要将床头灯打开,方便客人就寝。拉闭窗帘时,要做到整齐美观,避光效果好,无透光、漏光现象。为客人整理床铺时,要收起床罩,放到橱柜内。同时

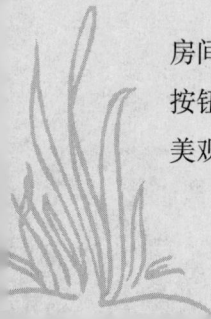

将靠近床头柜一侧的棉被折起,打开拖鞋,平放在床前,方便客人使用。房间早餐挂牌可放在床头柜上或其他适当位置。房间电视机要调至待机状态,遥控器应放在床头柜上或客人习惯的位置。清倒垃圾、擦抹家具、更换杯具时,要轻拿轻放,注意保持安静。要认真检查房间小食品、茶叶、咖啡、酒水等配备情况,如有消耗,要及时补充。整理卫生间时,要将地巾平铺在浴缸前,将浴帘拉至适当位置,浴帘的下摆要放在浴缸内。

（三）其他服务

如有客人来访,服务员需征得被访客人同意后,再请来访人进入客人房间,并视需要,及时提供加椅、茶水服务。

客人需要洗衣服务,服务员在收取客衣时,要仔细核对衣物数量,并做好记录。检查衣物内有无客人物品,衣物是否破损等,做好记录。如发现衣物破损,应及时告知客人,并在洗衣单上注明。衣物洗好后,应尽快送回房间,并按客人要求提供悬挂、折叠或包装等相应服务。如客人衣物经洗涤处理后,仍有斑迹,送衣时要在房间内放"说明条"或当面向客人解释。

为残疾客人服务时,应按照方便残疾人饮食起居需要,提供有针对性的服务。如服务员主动为客人开门、叫电梯等。为常住客人、VIP客人服务时,要了解掌握客人姓名、房号、生活特点、特殊要求、接待规格等有关情况,提供更加细致周到的服务。发现客人生病时,服务员应立即报告上级,及时提醒客人就诊。若病情严重,在征得客人同意后,尽快送医院诊治。客人生病期间,服务员要给予特殊照顾。发现客人醉酒时,服务员应立即报告上级,密切注意醉酒客人动态,视情况向客人提供相应服务。

客房部要配有一定数量的指甲刀、剪刀、订书机、吹风机、多功能插座等客人常用物品。客人提出要求后,应在10分钟内送到房间。向客人提供物品时,要使用托盘,办理相关借用手续,并请客人签字。

客人办理离店手续时,服务员要立即到客房检查有无客人遗留物品,核实酒水消耗情况,检查设备用品有无损坏、丢失等,并及时将有关情况告知前厅收款处。

客房部要经常征求客人意见,及时改进服务。提倡在节日或客人生日时,为客人送贺卡、小型礼品等服务。服务员要留意观察客人生活习惯,注意收集客人消费喜好,以便提供更加细微化、个性化的服务。

二、环境与卫生

客房隔音效果良好,外部无明显噪音源,相邻房间客人互不干扰。客房冬季温度一般保持在20℃~24℃,夏季温度一般保持在22℃~24℃。新风量一般保持在20立方米/人·小时,空气新鲜,无异味。照明充足,光线柔和,床头灯、台灯、卫生间化妆灯照度不低于100勒克斯。桌椅、电视等各种家具设备每天擦拭,无灰尘、无污迹。地毯每日吸尘,做到整

洁卫生,无尘屑,每4个月或视情况干洗或水洗一次,无污迹、无积尘。地毯洗涤后,要开窗通风,及时散发洗涤剂异味,保证客房空气清新。床单、枕套、毛巾等棉织品柔软舒适,无污渍、无汗臭等异味。毛毯、床罩、窗帘等随脏随洗。茶杯、漱口杯等杯具用后要更换消毒,擦拭干净,无水迹,无手印。恭桶、浴盆、面盆等每天清洗消毒,无污渍、无异味。水龙头、淋浴喷头等要定期清除水垢,确保出水流畅。水龙头要有冷、热水标识,方便客人使用。下水道要定期疏通,确保下水畅通,不堵塞、不积水。浴帘要保持整洁卫生,每天清洗,无皂迹、无霉斑、无毛发。浴帘要定期撤换消毒。

服务员要注意养成爱护设施设备、家具用品的良好工作习惯。推车行进时要与墙面保持20厘米左右的距离,搬运家具时要轻拿轻放,做到无磕碰、无划痕,严禁在地毯、地板上拖、拉物品。床垫要每3个月前后、上下翻转一次,确保受力均匀,平整美观,无塌陷、无变形。地板、桌椅等木制品要经常打蜡、抛光,及时修复磨损面,增加光泽度。要重视墙纸、地毯的护理。墙纸开裂后要立即修复,做到无明显修补痕迹。墙纸一般在使用5~6年后,要逐步更换。地毯烟头烫痕要及时修补。为保证地毯的柔软度、舒适度,一般每3年要更换一次地毯胶垫。空调器、排风扇等要定期检修保养,确保运转正常,无共振、无噪音。夏季要经常检查疏通空调集水盘下水口,确保冷凝水回水畅通,无溢盘漏水现象。床头灯、控制柜等电器设备每天检查,确保开关灵敏,安全有效。各种客用电器设备开关、插座位置合理,方便使用。

三、个性化服务

要使顾客高兴而来,满意而归,光凭标准的、严格的、规范化的服务是不够的,只有在规范化的基础上,逐渐开发和提供个性化服务,才能给客人以惊喜,才能让客人感觉到"宾至如归",才能使客人"留连忘返"。下面列举几个客人可采纳的个性化服务项目,供大家参考。

1.绝大多数客人晚上休息时,喜欢将客房的遮光窗帘拉合好,才会睡得香甜,因而客房服务程序中规定对住客房间开夜床。然而有的客人却因一天的工作劳累,常常一觉到天明,为了不影响第二天的繁忙工作,希望将遮光窗帘中间留出一条缝,这就需要细心的服务员发现、分析、判断,在夜床服务时提供客人满意的服务。

2.服务员早上清扫房间时发现,客人将开夜床时已折叠好的床罩盖在床上的毛毯上,再看空调是23℃。这时服务员应立即主动加一张毛毯给客人,并交待中班服务,夜床服务时将温度调到26℃左右。

3.服务员为客人清扫房间时,发现床单、毛毯、床垫等各处都有不同程度的秽污,服务员马上意识到,是客人外出时因饮食不慎引起肠胃失调,应将所有脏的物品更换一新,还应通过楼层主管及时与导游联系,并通知医生及时治疗,让客人得以康复。

4.服务员清扫住房时,发现暖水瓶盖开着,不知是客人倒完开水,忘记盖好瓶塞,还是客人喜欢喝凉开水,故意打开瓶塞的?疑虑不解,难以断定。为满足客人的需要,服务员为客人送去了用凉水瓶装满的凉开水;同时,暖水瓶照例又更换好了新的开水。

第四节　休闲农业企业客房部工作安全守则

安全第一,预防为主! 这是客房部首先要注意的事项。

一、在楼内使用工作用车不得磕碰墙壁和家具;不要让车上物品挡住视线;遇到转角应小心留意,上下楼梯不可跑步。

二、保持岗位整洁,经常检查区域内各门窗是否完好,是否清洁通畅;为客人开房门或车门要小心注意安全。

三、清理浴室或高处卫生时,不得站在浴缸、洗手台边沿或其他不安全部位,必要时使用工作梯。

四、进入黑暗的房间前,应先开灯,使用开关或其他电器时应擦干双手,勿站在潮湿地面,以免触电。

五、架子上的物品要摆放整齐,不要将具有危险性的清洁剂放在高于头顶位置的架上,以免发生意外。

六、抹布、扫把、水桶等清洁用品,应放在安全地方,不可留在走道或楼梯口。

七、如果有东西掉进垃圾袋内,为确保安全,不要直接将双手伸进袋内翻捡。

八、不要用手捡破碎玻璃器皿、刀片或其他锐利物品,应使用扫把簸箕清除,放于指定容器内,以防止意外。

九、发现工作区域、楼梯、地板破裂或打滑,电器、设备损坏或不良时,应立即报修。

十、为了客人及自己的安全,应注意禁止吸烟等所有的标示及规定事项,确实遵守,避免意外。

十一、不要使用箱子、水桶或其他可堆积物品代替工作梯使用。

十二、换干洗油或使用化学清洁剂时,一定要戴口罩或手套,使用时若不小心沾到手或身体要立即用冷水冲洗,以免伤害皮肤。

十三、严格按照规定的操作要求使用各种清洁设备,避免因操作不当而受伤或损坏设备。

十四、随时检查所有不安全隐患,发现问题及时报告。

第五节　休闲农业企业员工必备素质十则

一、工作应该自己去寻找，不要依靠和等待，要主动工作，而不能被别人去推动。

二、要勇于尝试自己从未经历的事情，承担有难度的工作，对自己的能力要有高的期望。

三、要热衷书本。书本可以超越我们自身及周边的环境，让我们获取未知的东西，要善于学习，要将学习融入工作之中。

四、对待自己的工作，要有充分的计划。每日、每月、每年，计划是我们的指南，也是我们自我总结、不断反省的尺度。

五、已着手的工作，就要一抓到底，不能放松。任何事情都会经历困难，需要付出不同的努力与代价，要学会付出、忍耐。

六、要培养自己对工作的兴趣。一份有乐趣的工作能激发我们的斗志和潜能，充分地发挥我们自己的长处。

七、要善于听取别人的意见及批评，多从自身角度检讨自己，反思自己，精益求精，培养一种积极向上的心态。

八、要善于用笔总结自己。从成功中获取经验，从错误中获取启迪，举一反三，争取每项工作之后都能取得进步。

九、要尽量团结周围的人，要充分认识到团体的力量，同心协力才能形成优势，才能保证工作的顺利。

十、要乐于帮助别人，从对别人的帮助中获取乐趣，提升自己的人格和追求，使自己始终有一个良好的心态。

第六节　休闲农业企业服务礼仪常识

"有朋自远方来，不亦乐乎！"来休闲胜地度假的人，都应该是宾馆的朋友、客人，是我们服务的对象。尊重客人，树立以客人为中心的观念，提供优质服务，是服务人员要掌握的基本技能。

一、礼仪礼貌及行为规范

(一)微笑

1.微笑面对每一天,以愉悦的心境迎接朝阳升起。

2.微笑面对每个人,以清朗的笑容温暖八方宾客。

3.微笑面对每件事,以宽广的胸怀容纳喜怒哀乐。

(二)称呼

1.男士一般称先生,未婚妇女称小姐,已婚妇女称女士,只有少数社会名流才能称"夫人或太太"。

2.对于无法确认是否已婚的西方妇女,不管其年纪多大,只能称小姐。

(三)打招呼

1.宾客到来要表示欢迎,宾客外出要道别;宾客晚归要道晚安。

2.对客人使用尊称,并能做到准确地以姓氏称客人。

3.宾客住店期间,随时相遇随时问候,要避免重复、机械的问候语言。

4.同事之间见面应主动礼貌地问好。

5.遇到上级应主动礼貌地问好。

6.伏案工作人员,遇有上级或宾客进入工作区域时,应起立并礼貌问候。

(四)服务用语

1.欢迎语　XX(称呼),欢迎光临 / 欢迎您来这里入住

2.问候语　XX(称呼),您好 / 早上好 / 下午好

(五)仪容仪表

1.员工上班必须保持工装整齐、干净,工号牌端正佩戴于工作服左上方。扣好纽扣,打正领带(领结、领花)。衣袋中不能装与工作无关的物品。按规定着装,皮鞋干净光亮。除手表、结(订)婚戒指以外,不允许佩带任何饰品,不能染彩发,可使用淡雅香水。

2.男员工头发干净、修剪整齐。不留大鬓角,后面头发不触及衣领。指甲干净、修剪整齐。面部清洁,不留胡须,穿黑色皮鞋,深颜色袜子。

3.女员工头发干净、修剪整齐。留长发者需盘发,不得披肩,留海以不遮住眼睛为宜。不留长指甲,不涂指甲油。穿肉色丝袜,无破损,勤洗勤换。

4.员工应在上班以前换好工装并到达工作岗位,做好上班前的一切准备工作。

(六)行为举止

1.站姿　身体重心放在两脚中间,微笑、目视前方,头部端正,下额微收,颈项挺直,挺胸、收腹、紧臀,腰直肩平,双臂自然下垂。男士双手交叉于体后,左手握住右手背,右手四指自然弯曲,双肢分开与肩同宽,脚尖向外微分。女士双手交叉于体前,右手握住左手(右手大拇指放在左手大拇指与食指根部,双手自然弯曲),两腿绷直,两脚跟相拢,两脚掌分

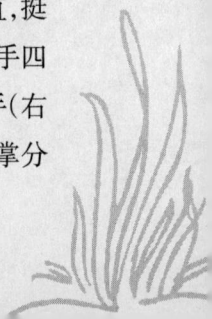

开成30°角,大约为一拳距离。

2.坐姿　上身保持站姿,双足自然并拢平放,落座在椅前2/3处。目视前方,面带笑容,不能依靠座椅后背,不能托腮或趴在桌面上。女士落座时,应用两手将裙子向前轻拢,以免坐皱或显出不雅。听人讲话时,上身微微前倾或轻轻将上身转向讲话者,用柔和的目光注视对方,根据谈话内容确定注视时间长短和眼部神情,不可东张西望或显得心不在焉。

3.行姿　头正颈直,目视前方,双臂随着步伐前后自然摆动,重心向前,步速适中,步姿自然轻盈,脚步沿直线行走,多用小步;切记大步流星,严禁奔跑(危急情况除外)。

在任何地方遇到客人,都要主动让路问好,不可抢行。如需超过前行,应对客人说"对不起",待客人让开时说声"谢谢",再轻轻穿过。和客人、同事对面擦过时,应主动侧身,并点头问好。

给客人作向导时,要走在客人前二步远的右前方一侧,以便随时向客人解说和照顾客人。在他人后面行走时,不要发出诡秘的笑声,以免产生误会。

(七)行为禁忌

1.行走时不得哼歌曲、吹口哨或跺脚。在宾馆内不得大声喧哗。

2.工作时不得扭捏作态、做鬼脸、吐舌头、眨眼、照镜子、涂口红、抠鼻、挖耳朵、剔牙等。

3.不得将任何物件夹于腋下。

4.不得随地吐痰、乱扔杂物。

5.上班时间不得在营业场所吸烟、看书、聊天、听录音机等。

6.员工下班后或休息日不准进入宾馆,更不允许带自己的亲属和朋友参观宾馆(消费除外)。

7.员工只能在自己的工作区域活动,非工作需要不能进入或参观其他部门、公共场所、餐厅和客房楼面。

8.非工作需要,员工不准使用客用电梯和客用卫生间。

9.员工在宾馆内捡到任何物品都必须上交。私自占有是严重的违纪行为。

10.严禁向客人收取小费。如果客人主动送小费,应婉言谢绝,客人坚持要送,收下后应及时上交部门主管。

11.进入房间或办公室,不管室内有无主人,均应先敲门征得房内主人的同意方可进入。未经主人同意,不得随便翻阅房内的任何物品。

二、服务礼节

(一)语言礼节

1.工作中要使用"请""您""谢谢""对不起""不用客气"等礼貌用语,不准讲粗言秽语

或使用蔑视性、侮辱性的语言。

2.称呼客人时,要用"某先生"或"某小姐或女士",不知姓氏时,要用"这位先生"或"这位小姐/女士"。

3.对客人服务时,不得流露出厌烦、冷淡、麻木、愤怒、僵硬、紧张和恐惧的表情,要友好、热情、自然、亲切、精神饱满和风度优雅地为客人服务。

4.对于客人提供的任何方面事项或从客人手中接过任何物品,都要说"谢谢"。

5.在服务或打电话时,如有其他客人走近,应用点头、眼神示意"欢迎和请稍候",并尽快结束手头工作,不得无所表示而冷落客人。

6.如确有急事或因接电话而需离开面对客人时,必须讲"对不起,请稍候",并尽快处理完毕。回头再次面对客人时,要说"对不起,让您久等了",不得一言不发就开始服务。

7.对客人的疑难问题或要求应表现充分的关心,并热情地询问,不准以工作忙为借口而草率应付。

(二)举止礼节

1.迎送礼,要做到"客人来时有欢迎声,客人走时有道别声"。

2.所有电话,务必在铃响三声之内接答。说话声调要自然、清晰、亲切,音量适中。

3.接电话时,先问好,后报宾馆名称或部门岗位。

4.通话时,若中途需与人交谈,要说"对不起",并请对方稍候,同时用手捂住话筒,方可与人交谈。

5.通话完毕时,要礼貌道别,如"再见""谢谢您"等,并待对方挂断后再轻轻放下话筒。

6.员工上班时间不准接打私人电话,工作电话尽量在3分钟之内讲完。

7.操作礼,要做到"三轻",即说话轻、走路轻、操作轻。如前厅服务员代表宾馆的形象,穿戴要整齐、大方、庄重,操作轻、准、快,对客人的每一个要求,都要全力给予实现。

(三)交谈礼节

1.谈话时涉及在场的其他人时,不能用"他"指他人,应称呼其名或"某先生"或"某小姐或女士"。

2.任何时候称呼他人均不能用"喂"。

3.对客人的询问不能回答"不知道"。确不清楚的事情,要先请客人稍候,再代客询问;或引领客人直接与机关部门或人员联系。

4.客人或同事相互交谈时,不可以随便插话。特殊需要时必须先说"对不起,打扰您"。

5.全体员工在宾馆内遇到客人、上级、同事时,应做到主动称呼、问候,相互尊重,礼貌相待。

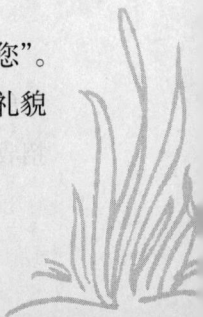

第四章 休闲农业餐饮服务

第一节 休闲农业企业餐厅员工的个人素质要求

吸引客人,出售产品。休闲农业企业餐厅的产品即是服务与饮食,让客人食中有乐。员工要了解,客人是餐厅业务的基础,没有客人,休闲观光就形同一种摆设,毫无价值。员工要懂得如何接待川流不息的客人,如何处理客人提出的意见,提供什么样的服务,怎样才能使客人高兴而来满意而归,并愿意成为休闲农业企业的常客。

一、基本素质要求

(一)殷勤周到

在餐厅工作的员工决不可漫不经心或在工作时因想入非非而走神,必须不断地、机敏地照料进餐的客人,密切注视你所服务的桌子正在发生的动作、可能发生什么情况、用餐的速度、进餐过程等,这样,当需要加酒、撤盘或需要额外的调料时,就会提前做好准备,使进餐者感到舒适,使得服务更加有条不紊。

(二)礼貌服务

除了满足客人用餐的需要外,服务员还应通过自己的礼貌服务使客人感到舒适。这种服务往往是通过细微之处来实现的。如帮助客人脱外衣及拿提包;帮助客人拾起掉下的东西;为吸烟客人点火、换烟灰缸;为客人调节窗帘或百叶窗,防止炫目的阳光照射到客人脸上;调节音乐的音量等。在服务中使用一些礼貌的字眼,如"请""谢谢""对不起"等,这是每一个餐厅员工都应该做到的。礼貌的行为和语言表示了对他人的尊重,是使客人感到高兴和满意的基本要素之一。

(三)可靠

可靠是一个人成熟的标志,亦是餐厅员工所必具的品质。一个可信赖的人,首先对工作能承诺负责,同时能在规定的期限内充分利用时间去完成所交给的任务,可靠性是在招收新员工时必须考虑的一个因素。

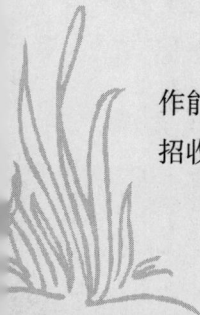

（四）经济头脑

任何餐厅员工都有一个共同的重要责任——降低成本。在餐饮中，每天不知有多少好东西被当作废料而丢弃掉，这是最大的也是最无法计算的浪费。一个有理性的人是不会故意去损坏、浪费个人的或企业的财产的，许多浪费是在无意识中发生的。一个训练有素的餐厅员工，应该注意下列各点，以减少浪费。

1.贮存瓷器和玻璃器皿时要小心拿放。

2.按菜谱标准配料和提供食物。

3.将未使用完的东西仍旧送回厨房。

4.清理餐桌时不要把银器也混杂在脏物中扔掉，在为客人添加黄油、面包和咖啡之前，需要征询客人的意见。

5.使用清洁剂要适量。

（五）效率行动

效率指的是花较少的劳动而取得好的结果，餐厅员工要仔细计划服务步骤，合理地安排跑菜线路，缩短服务时间，提高工作效率，从而更好地为客人服务。

（六）诚实

诚实是任何人都应具有的重要品质，对那些与公众联系的人来说特别重要。在任何一个营业日中，餐厅员工都有欺骗客人和企业的机会。因此除了加强思想教育外，管理人员应常巡视检查可能产生欺骗行为的地方，以杜绝此类不愉快事件的发生。

（七）知识

一个称职的餐厅员工对客人们提出的任何问题必须具有解答能力，才能在繁忙的工作中应付自如，不必向别人请教答案而影响他人工作。在空闲时间里，员工要花些时间去熟悉菜单和餐厅里的设备以及餐厅和厨房的各种特点，以便熟练运用和迅速解决问题。此外，还应了解菜单上的菜所用的原料、配料、烹调时间和服务方式等知识。

二、礼仪、服务规范

（一）礼貌，礼仪

礼是由风俗习惯形成的礼节。貌是面容仪表，礼貌是处理人与人之间的道德规范。礼仪是向他人敬意的一种仪式。仪表是职业人员的外表，它包括着装打扮、容貌梳理、姿态、风度、举止行为等。餐厅员工必须做到：

1.头发整齐、不零乱。如女服务员头发不披肩，戴统一头饰，男服务头发不得过耳，后发基线不过衣领。

2.按饭店要求进行着装，清洁笔挺、皮鞋擦亮，袜子无破损。

3.女服务员上岗一律淡妆，上岗时间不能佩戴饰物，不喷洒过浓的香水。

（二）餐厅服务中严格遵守操作礼仪和操作规范

1.一不　不吸烟，不吃零食。

2.二静　工作场合保持安静，隆重场合保持肃静。

3.三轻一快　操作轻，说话轻，走路轻，动作利落，服务快。

4.三了解　了解宾客的风俗习惯，了解生活，了解特殊要求。

5.三声　客人来时有迎声，客人问有应声，客人走有送声。

6.自尊　尊重老人，尊重妇女儿童，尊重残疾人。

7.五勤　眼勤、口勤、脚勤、手勤、耳勤。

（三）服务中的"五先"原则

1.先女宾后男宾。

2.先客人后主人。

3.先首长后一般。

4.先长辈后晚辈。

5.先儿童后成人。

（四）服务员的语言要求

谦恭，语调亲切、音量适度，言辞简洁清晰，充分体现主动、热情礼貌、周到、谦虚的态度；根据不同的对象使用语言要恰当，对内宾使用普通话，对外宾要使用日常外语，做到客到有请、客问必答、客走告别。

64

三、技能要求

（一）托盘的使用方法

1.理托　将托盘擦洗干净，在托盘上叠上洁净的花垫和专用的盘布，这样不但美观而且防滑。

2.装托　根据物品的形状、重量、体积和使用的先后顺序合理装盘，一般是重、高的、后派用的放在里面（侧），轻的、先派用的放在外侧。

3.起托　托盘起托时你的左或右脚向前迈一步，上身前倾于桌面 30°～45°，手贴于桌面，右手的大拇指、食指、中指协助左手将托盘拉到左手上，左手托于托盘的重心、站好。此时注意托盘的平稳及重心的掌握。

4.托送　托托盘行走时要做到肩平、上身直、两眼平，前方托盘不贴腹、手臂，不撑腰。随着行走步行的节奏托盘可在腹前自由地摆动，但幅度不易过大，应保持酒水、汤汁不外溢，使托盘的姿势大方美观，轻巧自如。

5.托盘的操作　左手臂自然弯曲，大臂与小臂成 90°。掌心向上、五指分开成 6 个支撑点（5 个指头和一个掌根），手心是空的，平托于小腹前（脐部为准），手指随时根据盘中各侧面重量变化而作相应的调整以保持托盘平稳。

（二）托盘的行走步伐

1.常步　即使用平常行走的步伐，步距均匀，快慢适度。

2.快步　步幅稍小，步速应稍快不能跑。

3.碎步　即使用较小的步幅较快步速行进，主要用于汤类和较滑的地面。

4.垫步　即使一只脚前进、另一只脚垫上一步的行进步伐，主要用于穿行窄的地方或靠近餐桌时减速使用。

（三）站立、行走的要领

1.站立　抬头，挺胸，收腹，提臀，双肩平稳，两手臂自然下垂，眼睛目视前方，嘴微闭面带微笑，双手体前交叉保持，随时能面客提供服务的姿态。

2.行走　身体重心可以稍前倾，上身正直抬头目视前方、面带微笑，切忌摇肩、晃动；双臂自然，前后摆动，肩部放松；脚步轻快步幅不宜过大，更不能跑。

（四）其他要求

传统农业向休闲农业企业转型时，员工不但要掌握民俗风情的知识，更要在业务培训上下功夫，掌握一些必要的基本知识。

1.中国茶的种类

茶有4700多年历史，先后传播到40多个国家。

作用：茶不仅可以消暑止渴，而且可促进消化解油腻，防止肠道疾病，清洗伤口（包括枪伤、刀伤、蛇咬伤、烧伤）。

（1）绿茶　不发酵茶种类，有西湖龙井、洞庭碧螺春、黄山毛尖。

（2）红茶　全发酵茶种类，有英德红茶、云南红茶、四川红茶、祁门红茶。

（3）乌龙茶　半发酵茶产于福建、广东、台湾，种类有五夷山水仙茶、乌龙、铁观音。

（4）花茶　又名香片、香花茶，是经干燥的鲜花加工熏制而成的，品种有茉莉花茶、珠兰茶。

（5）紧压茶　红茶沫和绿茶作业的原料，经蒸软后压制而成各种不同形状，分为砖类、普洱茶、沱茶，以云南的普洱茶最有名。

（6）白茶　不发酵不经揉捻，多产于福建东北山区。白牡丹、寿眉、银针，银针最为名贵。

2.啤酒的鉴别与啤酒知识

啤酒的原料是麦芽，按外包装分听啤、扎啤、瓶啤。

（1）鉴别

①颜色。

②气味（麦芽味）。

③口味(苦爽)。

④泡沫(长时间泡沫挂杯、泡沫细腻)。

(2)酒精度:3%~8%(vol)

第二节　休闲农业企业餐厅服务员工作流程

序号	程序	流程和标准
1	餐前准备	1.准时到岗,参加班前会,接受领班和经理对当餐的工作安排和布置 2.员工进岗后,做卫生、定位摆台,如提前预订应按要求摆台 3.清理地面卫生和室内所属物品表面及死角卫生。做到地面无垃圾、无油垢、无水迹、无墩布毛。每餐清扫一遍 4.检查台面,餐具有无破损、水迹、油迹、污迹,保持台面干净整齐 5.由领班领用餐中一次性物品,分配后注意妥善保管,归档码放整齐 6.立岗定位,准备迎客
2	迎客	7.当迎宾员将顾客领到该区域中时,服务员应微笑点头问好 8.拉椅让座,根据顾客人数添减餐具,递上菜单,示意顾客稍后,迅速沏茶倒水,示意顾客用茶。征求顾客是否点菜(如点菜当好顾客参谋,如不点菜示意顾客有事召唤)
3	点菜	9.翻开菜单,请顾客阅览,同时介绍本店的特色菜、特价菜、新推菜及酒水(看人下菜碟) 10.在记录顾客所点菜品、酒水时,写清日期、桌号、用餐人数、服务员姓名 11.顾客点菜完毕,请给顾客账单,以确认顾客所点菜品,然后示意顾客稍后菜品上桌
4	下单	12.在吧台下单,核对单据与预结联是否一致。如有问题迅速解决
5	餐中服务	13.迅速及时将顾客所点酒水及餐筷送上餐桌,征求顾客意见,启瓶倒入杯中 14.巡视自己所管区域顾客的用餐情况,及时补充顾客所需,整理台面,上菜报清菜名,划菜核单,征求顾客意见,随时撤下顾客餐桌上的空餐具和用具。菜品上齐后应告知顾客:"你点的菜上齐了,你还需要添加别的吗" 15.餐中推销,勤斟酒水,巡视餐台,如发现顾客酒水快用完或菜品不够时,应征求顾客是否加添 16.服务员有事暂时离开工作区域时,一定要向邻区的服务员打招呼寻求帮助。不要长时间离岗,办事完毕应迅速返回工作区 17.随时巡查地面和台面卫生,及时清理以保持清洁

序号	程序	流程和标准
6	结账	18.顾客示意结账时，服务员应及时到吧台结算。如遇顾客亲自到吧台结账，服务员应跟随，核对清单要准确无误 19.问清付款人，报清所消费的金额，双手递上账单，请顾客过目，顾客在看账单时发现疑问，服务员应马上核实，并耐心地做好解释工作 20.收到顾客付款，应双手接过，点清所收数目(收您XXX元，请您稍后或您的付款正好)，到吧台找零后，在账单上签发姓名，回到餐桌，双手递给顾客找回的零钱(找您XXX元，请您清点并收好，谢谢！)。如顾客需要发票，问清单位，如本店的发票打完或因机器故障无法给顾客开发票，应耐心向顾客解释，出具其他证明，示意顾客下次用餐时一起开 21.顾客离座拉椅，提示顾客带好随身携带的物品，并致欢送词
7	收台	22.餐具应按档码放，不得大餐具摆小餐具，前厅用品和厨房用品分开，使用规定的收台工具将餐具分别送到洗碗间和洗杯间 23.清整台面垃圾，擦净桌椅，及时摆台以便迎接下桌顾客

第三节 休闲农业企业餐厅服务规范和服务程序

一、餐前基本程序

(一)散餐服务要求

1.了解当天供应品种(例如：汤、海鲜、时菜、甜品、水果、特别介绍、沽清类)。

2.备料(酱油、胡椒粉、开水、点菜单、热巾、托盘等)。

(二)开餐前的检查工作

1.参加班前例会，听从当日工作安排。

2.检查仪容仪表。

3.台面摆设　餐具整齐、摆放统一、干净无缺口，台布、口布无破损、无污渍。

4.台椅的摆设　椅子干净无尘，椅面无污渍，台椅横竖对齐或形成图案形。

5.工作台　餐柜、托盘，摆设要求整齐统一，餐柜布置整齐无歪斜。

6.检查花草。

7.检查地面。

二、迎接客人

（一）迎宾员

当客人进入餐厅时，迎送员行鞠躬礼（30℃左右），热情的征求客人："欢迎光临先生／小姐，请问您几位？""Good morning/Good afternoon/Good evening .welcome, Sir/Miss, Hom many？"

把客人带到座位后，拉椅请坐，双手把菜谱递给客人，说道："先生／小姐，这是我们的菜单。""Mr & Mrs here is our menu." 语气亲切，使客人有得到特别尊重之感觉。

（二）餐厅服务员

1.站立迎宾　在开餐前的 5 分钟，在各自分管的岗位上等候开餐迎接客人，站立姿势要端正，不依靠任何物体，双脚不可交叉，双手自然交叠在腹前，仪态端庄，精神饱满。

2.拉椅让座　服务员应协助迎送员安排客人就座，拉椅时注意先女宾，后男宾。

3.如果客人需要宽衣时，帮助客人将衣物挂好。

三、餐中服务及餐后检查收尾工作

（一）餐中服务

1.从客人右边递毛巾，并说"先生／小姐，请用毛巾"。然后询问客人："请问喜欢喝什么茶？我们有花茶、乌龙……"。

2.增减餐具。

3.斟茶　将茶杯连碟放于托盘上，斟茶至八分满，从客人右侧递上。

4.落餐巾、脱筷套　将餐巾解开，轻轻地放在客人双腿上，如果客人暂时离开，将餐巾叠成三角形，平放在餐位的右位。

5.为客人上调味品　将调味品碟拿至托盘上，斟倒。

6.收小毛巾　用巾夹逐条夹进托盘中拿走（可与第五条一起做）。

7.点菜

（1）介绍菜式　在客人看过菜单片刻后，即上前微笑地询问："先生／小姐，请问现在可以点菜吗？"

"先生／小姐，请问您们需要点什么菜呢？""我们有××菜是挺不错的，今天有特别的品种×××您试一试好吗？"如果客人点的菜没有供应时，应抱歉说："对不起"建议点别的相似的菜肴。

（2）推销饮品　同菜式推销。点完菜与酒水时，注意复述给客人听，并询问有无错漏等。

8.收回菜单、酒水单　由领班、迎送员集中放在迎送台以作备用。

9.下订单　下订单时，第一联交收银员；第二联由收银员盖章后，交酒巴或由跑菜员

交厨房,作为取酒水及菜的凭证;第三联由跑菜员划单用,此联可以留存。

10.用托盘将饮料酒水按订单上的桌号,准确地呈送给每一位客人。

11.第一道菜不能让客人久等,最多不超过 10~15 分钟,如时间稍长,要及时向客人说"对不起"表示歉意。如客人有急事,一定要与厨房联络,尽快出菜。

12.上菜时,应礼貌地向客人表示:"对不起,让您久等了。"

13.上菜顺序　冷菜、热菜、主食或点心、甜食、水果。各餐间每上一道菜,备餐间服务员应在第三联上注销一道菜。上台时注意报菜名。

14.上最后一道菜时,要主动告诉客人,"先生 / 小姐,您的菜已上齐",并询问客人是否要增加些什么。

15.菜上齐后,递甜品水果的介绍牌给客人,向客人介绍各类甜品、水果。

16.巡台

(1)烟缸内有两个或两个以上烟头应立即撤换。

(2)将空菜碟、空汤碗及空酒瓶撤走。

(3)及时撤换骨碟。

(4)及时添加酒水、饮料等。

服务员应有求必应,有问必答,态度和蔼,语言亲切,服务周到,应在客人开口后满足客人的要求。随时注意客人的动态,及时处理突发事件。

17.收撤菜碟餐具

先征得客人同意,才能收撤(除空碟外)。当客人同意后,应在客人的右边逐样收撤(如需打包可在工作台进行),先收银器、玻璃器皿,后收餐具。

18.上热茶　提供茶水服务(用盖碗茶)。

19.上甜品、水果　上水果前应视水果品种,派骨碟、刀、叉、小匙羹等。(刀在右,叉在左。)

20.递上小毛巾。

21.结账　结账时用结账夹,在客人右边、礼貌地说:"谢谢,先生 / 小姐总共×××元。"注意收款和找零时应唱收唱付,钱款当面点清。

22.拉椅送客　向客人道谢,送客人至餐厅门口,并欢迎再次光临,提醒客人不要在餐厅遗漏物品。

(二)餐后检查收尾工作

1.客人走后,应及时检查是否有燃烧的烟头,是否有遗留物品。

2.收撤餐具

(1)首先整理好餐椅,以保持餐厅整洁、统一的格调。

(2)先收餐巾、小毛巾,再收银器、玻璃器皿,餐具。

3.清理现场重新布置环境,恢复餐厅原样。

第四节　休闲农业企业西餐基本知识与礼仪

一、西餐基本知识

(一)餐具摆放示意图

每个座位前面,餐具酒具摆法　　　　　　尚未吃完的刀叉摆放法

已吃完的刀叉摆放法

(二)餐桌上的注意事项

不要在餐桌上化妆,用餐巾擦鼻涕。用餐时打嗝是大忌。取食时,拿不到的食物可以请别人传递,不要站起来。每次送到嘴里的食物别太多,在咀嚼时不要说话。就餐时不可以狼吞虎咽。对自己不愿吃的食物也应要一点放在盘中,以示礼貌。不应在进餐中途退席,确实需要离开,要向左右的客人小声打招呼。饮酒干杯时,即使不喝,也应该将杯口在唇上碰一碰,以示敬意。当别人为你斟酒时,如果不需要,可以简单地说一声"不,谢谢!"或以手稍盖酒杯,表示谢绝。进餐过程中,不要解开纽扣或当众脱衣。如果主人请客人宽衣,男客人可以把外衣脱下搭在椅背上,但不可以把外套或随身携带的东西放到餐台上。

二、西餐礼仪

随着生活方式的更新和休闲农业企业的活跃,我国大中城市观光农业酒店中接待吃西餐的客人越来越多,有时是为照顾国外客人的饮食习惯,有时也要用西餐来招待客人。西餐十分注重礼仪,讲究规矩,所以,作为餐饮服务人员和宾客了解一些西餐方面的知识是十分重要的。

（一）西餐的特点

"西餐"是我国对欧美地区菜肴的统称，大致可以分为二类：一是以英、法、德、意等国为代表的"西欧式"，又称"欧式"，其特点是选料精纯、口味清淡，以款式多、制作精细而享有盛誉；二是以前苏联为代表的"东欧式"，也称"俄式"，其特点是味道浓、油重，以咸、酸、甜、辣而著称。此外，还有在英国菜基础上发展起来的"美式"西餐等。美式西餐讲究甜品，喜欢用水果做菜。

（二）餐具的用法

刀叉的使用：右手持刀，左手持叉，先用叉子把食物按住，然后用刀切成小块，再用叉送入嘴内。欧洲人使用时不换手，即从切割到送食物入口均以左手持叉。美国人则切割后，将刀放下换右手持叉送食入口。匙的用法：持匙用右手，持法同持叉，但手指务必持在匙柄之端，除喝汤外，不用匙取食其他食物。

（三）餐巾用法

进餐时，大餐巾可折起（一般对折），折口向外平铺在腿上，小餐巾可伸开直接铺在腿上。注意不可将餐巾挂在胸前（但在空间不大的地方，如飞机上可以如此）。拭嘴时需用餐巾的上端，并用其内侧来擦嘴。绝不可用来擦脸部或擦刀叉、碗碟等。

（四）进餐的礼仪

1.餐具使用礼仪　吃西餐，必须注意餐桌上餐具的排列和置放位置，不可随意乱取乱拿。正规宴会上，每一道食物、菜肴即配一套相应的餐具（刀、叉、匙），并以上菜的先后顺序由外向内排列。进餐时，应先取左右两侧最外边的一套刀叉。每吃完一道菜，将刀叉合拢并排置于碟中，表示此道菜已用完，服务员便会主动上前撤去这套餐具。如尚未用完或暂时停顿，应将刀叉呈八字型左右分架或交叉摆在餐碟上，刀刃向内，意思是告诉服务员，我还没吃完，请不要把餐具拿走。使用刀叉时，尽量不使其碰撞，以免发出大的声音，更不可挥动刀叉与别人讲话。

2.进餐的顺序　一餐内容齐全的西菜一般有七八道，主要由这样几部分构成：

（1）饮料（果汁）、水果或冷盆，又称开胃菜，目的是增进食欲。

（2）汤类（也即头菜）。需用汤匙，此时一般上黄油、面包。

（3）蔬菜、冷菜或鱼（也称副菜）。可使用垫盘两侧相应的刀叉。

（4）主菜（肉食或熟菜）。肉食主菜一般配有熟蔬菜，此时要用刀叉分切后放餐盘内取食。如有色拉，需要色拉匙、色拉叉等餐具。

（5）餐后食物。一般为甜品（点心）、水果、冰淇淋等。最后为咖啡，喝咖啡应使用咖啡匙、长柄匙。

3.面包等可用手取食　进餐时，除用刀、叉、匙取送食物外，有时还可用手取。如吃鸡、

龙虾时,经主人示意,可以用手撕着吃。吃饼干、薯片或小粒水果,可以用手取食。面包则一律手取,注意取自己左手前面的,不可取错。取面包时,左手拿取,右手撕开,再把奶油涂上去,一小块一小块撕着吃。不可用面包蘸汤吃,也不可一整块咬着吃。

4.用汤匙舀着喝汤 喝汤时,切不可以汤盘就口,必须用汤匙舀着喝。姿势是:用左手扶着盘沿,右手用匙舀,不可端盘喝汤,不要发出吱吱的声响,也不可频率太快。如果汤太烫时,应待其自然降温后再喝。

5.不可整块肉送嘴里咬 吃肉或鱼的时候,要特别小心。用叉按好后,慢慢用刀切,切好后用叉子进食,千万不可用叉子将其整个叉起来,送到嘴里去咬。这类菜盘里一般有些生菜,往往是用于点缀和增加食欲的,吃不吃由你,不要为了面子强吃下去。

6.需要服务请侍者 餐桌上的佐料,通常已经备好,放在桌上。如果距离太远,可以请侍者或别人麻烦一下,不能自己站起来伸手去拿,这是很难看的。

7.吃东西不要发出很大声响 吃西餐时相互交谈是很正常的现象,但切不可大声喧哗,放声大笑,也不可抽烟,尤其在吃东西时应细嚼慢咽,嘴里不要发出很大的声响,更不能把叉刀伸进嘴里。至于拿着刀叉作手势在别人面前挥舞,更是失礼和缺乏修养的行为。

8.坐姿要端正 吃西餐还应注意坐姿。坐姿要正,身体要直,脊背不可紧靠椅背,一般坐于座椅的四分之三即可。不可伸腿,不能跷起二郎腿,也不要将胳臂肘放到桌面上。

9.酒杯不斟满,喝酒不劝酒 饮酒时,不要把酒杯斟得太满,也不要和别人劝酒(这些都不同于中餐)。如刚吃完油腻食物,最好先擦一下嘴再去喝酒,免得让嘴上的油渍将杯子弄得油乎乎的。干杯时,即使不喝,也应将酒杯在嘴唇边碰一下,以示礼貌。

(五)餐位的安排

原则上男主宾(Gentleman of honor)坐在女主人(hostess)右边,女主宾(lady of honor)坐在男主人(host)右边,而且多半是男女相间而坐,夫妇不坐在一起,以免各自聊家常话而忽略与其他宾客间的交流。

第五节 休闲农业企业特色餐饮农家菜

一、农家菜特点

休闲农业企业是以农业生产经营为特色,融合农业和旅游业,利用农业景观和农村自然环境,结合农村文化生活内容,吸引游客前来观赏、品尝、休闲、度假的一种新型农业生产经营模式。其中特色餐饮"农家菜"是返璞归真,追求自然,吸引游客,突出民俗风情,拉动休闲农业消费需求增长的主要途径之一。如何把握这一机遇,是休闲农业企业餐饮

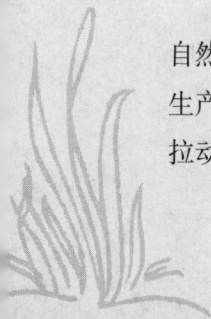

工作者必须掌握的知识。

"农家菜"体现着人们回归自然，追求健康美食的一种强烈需求。食材更上乘、烹制更讲究，连盛菜的器皿都要很考究，既提升了农家菜的风味，又体现了休闲农业的特色。制作上更注重刀工火候，讲究配料、色调和天然，尤其以烹制生、嫩、活、鲜为特色。食材的选择是经营"农家菜"的重中之重，选择合格的绿色种植、养殖基地，利用食材本身的鲜甜来代替调味品，让"农家菜"具备了营养与健康的双重保障。

（一）农家菜——要有风味菜、"主打菜"

和餐饮经营方向有关的是，你的菜肴主浓郁还是主清淡？山珍还是海鲜？大菜还是小炒？南方菜还是北方菜？你最好只选择其中一种为主。只有这样，休闲农业企业特色餐饮的市场定位才鲜明，消费者才好"识别"，才便于选择。切记：在所有的餐饮企业中，谁能有所为，有所不为——即"术业有专攻"，谁才能具有"特色"。做到这一点的办法是，在你的那个地区，争取做经营品种"唯一"店。

（二）和餐饮经营水平相关的是，要有一些主要菜肴，而且要尽可能的有特色

可以在色、香、味、形、器上做一些和别人不一样的设计，可以在菜单的排列组合上，做出与大家不同的编排，并且常换常新。切记不能将别人的菜单拿过来就用，更不能一个菜单多少年都不变，还不能看人家做什么你就做什么——即要有一些从内容到形式都与众不同的特征。做到这一点的最好的办法是，只让你的餐厅卖十个菜，留下哪十个菜？

（三）和流行服装一样，人们的口味变化也是有规律可循的

海鲜吃多了想烧烤，大菜吃多了想小吃，饺子好吃也不能天天来，细粮吃腻了换粗粮。认真观察这些变化，发现潜在的市场需求，开发消费者最爱吃的食品，这样的特色餐饮，才能为休闲农业增添光彩，符合它的生活功能。

总之，特色菜，"特"在与众不同，"特"在专业性，"特"在精、深加工上，"特"在独具匠心上。

总之，"吃一顿农家菜，爬爬山，摘摘果，钓钓鱼，淳朴的农家生活让游者体验回归自然、放飞心情的感受"。农家休闲生活，以其返璞归真的内容、新颖有趣的形式、其原生态无污染的农耕产品和农业文明体验，是现代城市人无比向往的地方。这也是休闲农业企业的基本功能。

二、服务员如何介绍农家菜

餐厅服务员在为客人订菜时进行必要的介绍和推荐是服务能力和素质的综合体现，也是餐厅经营者最希望服务员具有的能力。介绍和推荐应该是两个不太一样的问题。介绍菜肴是第一步，推荐是第二步，可以说，只有第一步做好了，才有第二步。餐厅服务员为了向客人适当地介绍菜肴，必须对本休闲农庄所经营的各式菜肴有深刻的了解，如所经营的哪些是具有代表性的特色佳肴，对餐厅菜单上的各式菜肴要了解其售价、主料、配料、

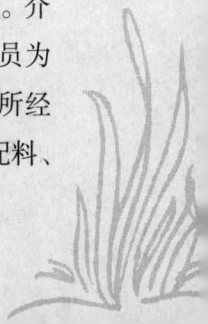

烹调方法和烹调步骤,特别是要了解有特色的烹调方法。还有菜肴的口味特点,是咸鲜味、酸辣味,还是酸甜味或是荔枝味。每道菜肴所需的准确烹调时间,对各种套餐菜单、当日的特色菜单,也要了解清楚,这样等客人需要得到服务员的帮助时,服务员即可脱口而出,如数家珍。

服务员向客人介绍餐厅所经营的菜肴要适时,针对不同的客人介绍餐厅所经营的菜肴要适时,针对不同的客人有不同的介绍方法。对常客只需介绍一下近日或者当天的特色菜即可。如果他们对餐厅的菜肴品种很熟悉,过多介绍反倒会引起客人的反感。如果是第一次来用餐的客人,服务员则应该简略介绍一下餐厅所经营菜肴的大致情况,如所属菜系,有哪些风味特色,什么样的菜肴,随时观察客人的反应,如客人反应平淡就应适可而止;如感兴趣则可多讲几句。如果是商务人士利用进餐时间谈生意,服务员可以从高档菜开始介绍,同时介绍中档和有特色的菜肴,因为这样的客人往往较注意菜肴的质量,讲究菜肴的档次。

如果是国外的客人,服务员可介绍一些特色较浓的地方菜肴,同时注意客人的饮食习惯,不要介绍大多数欧美客人不感兴趣的,如用动物内脏所制的菜肴,可着重介绍肉、禽类菜肴,而且应该尽量介绍清楚烹调的方法。

同样是国内客人,由于生活习惯不同,就餐时选择菜肴也有很大的区别。南方客人一般喜欢吃清淡,咸、甜适中的菜肴,而北方的客人则喜欢带有辣酸口味的菜肴;又如消费能力高的客人喜欢吃广东菜,一般消费能力的客人对菜系的挑选就不甚明显。有许多客人来用餐是特意来品尝特色风味的,这时服务员要突出介绍餐厅的拿手菜,相信大部分客人都会乐于品尝的。

第六节 休闲农业企业餐厅服务员卫生规范

餐厅服务中的卫生规范与服务员个人卫生有着密切的关系,卫生规范有助于减少卫生风险,并可增加顾客满意度。服务员熟悉并牢记了以下规范要求后,会增加员工保持卫生的自觉性。

一、开始干活之前应洗手

工作过程中应注意经常洗手,有下列动作之后应立即洗手:用手摸过头发或皮肤;擦过鼻涕或咳嗽时捂过嘴;用过手绢或卫生纸;抽过烟;上过厕所;拿过使用过的或弄脏了的餐具等。

同时要禁止在餐厅或厨房中抽烟、嚼口香糖或吃东西。绝对不能把从盘子里滑出或掉到地上的食品拿给客人吃。掉到地上的餐具或餐巾,应立即用干净的替换。禁止用手触摸食品,应使用合适的工具。工具不在时,应以合乎卫生的方式予以存放。餐具和食品或客人的嘴接触的部位,服务员的手尽可能不要去碰,尤其注意不能在客人面前将手触摸到以上部位。拿杯子或玻璃杯时,应拿杯把或杯子的下部,禁止拿杯子的上缘;拿餐具应拿柄,禁止拿餐勺的头、碗的边、餐刀的刃部、餐叉的叉齿;端盘子、端碗或端餐碟时,应小心不要碰到食品、或把手指伸进餐具的边缘。

二、不要把抹布或围裙搭在肩上或夹在腋下

不要把工作服穿出工作区域之外。把盘子等餐具放到客人餐桌上之前,要弄清楚它的底部干净与否。所有弄脏的餐具应立即撤走,并送到洗碗间去,防止不经清洗和消毒就再次使用。托盘的上面、下面和四边都应保持清洁,这可防止弄脏制服、餐具和台布。

三、上菜要用托盘

上菜时如不用托盘而用手端时,盛菜盘或碗下应有衬盘,这样做既防止烫手,又卫生雅观。决不允许用手直接端呈菜盘或碗,手指更不能接触食物。不允许对着饭菜大声说话、咳嗽或者打喷嚏,以防口腔、呼吸道飞沫污染菜肴和饭食。

四、上菜要向客人打招呼

上菜前要向客人打招呼,并从客人右侧进行,防止汤水洒在客人衣服上;撤盘应从客人左侧进行;倒酒水饮料则从客人右侧进行。

五、卫生习惯要从细节处处注意养成

服务员不仅要自己讲究卫生,还要争当卫生监督员,共同维护餐厅环境的整洁。

第七节 休闲农业企业餐厅疑难问题处理

一、正确对待投诉

(一)正确对待客人的投诉,对待客人的任何投诉酒店的任何人员都应接受

1.接待客人的投诉,要尽量避开在公共场所,应客气地引客人到合适位置。

2.要态度诚恳、心平气和地认真听取客人投诉的原因,承认宾客投诉的事实。听取客人投诉意见时,要注视客人,不时地点头示意,并不时的说:"我理解,我明白,一定认真处

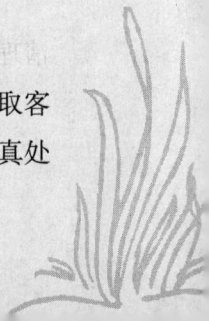

理这件事情。"若遇上的是认真的投诉客人,在听取客人意见时,还应做一些听取意见记录,以示对客人的尊重及对反映问题的重视。

3.表示虚心接受,向客人致谢或道歉。如:"非常抱歉地听到此事,我们理解您现在的心情。"假如对客人提出的抱怨或投诉事宜负责,或者将给予一定赔偿,这里要向客人表示歉意并说:"我们非常抱歉先生,我们将对此事负责,感谢您对我们提出的宝贵意见。"

4.感谢客人的批评指教。当遇到客人的批评、抱怨和投诉的时候,不仅要欢迎,而且要感谢。如:"感谢您×先生,给我们提出的批评、指导意见。"或者说:"您及时让我们知道服务中的差错,这太好了,非常感谢您×先生。"

5.对客人提的不实意见也不要说:"没有的事"、"绝不可能"等语言,要记住"争一句没完没了,忍一句一了百了",服务员口头的胜利是服务失败的表现,因为将会面临失去不只一位客人。

6.对自己无法做主的事报告主管、领班采取措施,平息客人的投诉。当采取行动纠正错误时,一定要让客人知道并同意采取的处理决定及具体措施内容,这样才会有机会使客人的抱怨变为满意。

7.尽量缩小影响面,当客人同意所采取的改进措施时。要立即行动,补偿客人投诉损失,决不要拖延时间,耽误时间只能进一步引起客人的不满,扩大影响。

8.投诉食物里有虫子时怎么办?马上向客人道歉,即刻将食物退下,送回厨房并上报主管来处理此事,以征得客人谅解;同时取消该菜,赠送一份同样的食物。

二、投诉处理办法

(一)两位客人订下同一个宴会厅怎么办

根据先来后到的原则,按订宴会时间,先订先安排;按宴会订单的联络电话号码或房号迅速与对方取得联系,向对方讲明原因,诚恳地向客人道歉,以得到客人的谅解,并向客人介绍另一布局类似的宴会厅,争得客人同意,确定下来;客人到来时,可免费赠送一道菜或一份果盘。

(二)如何处理喝醉酒的客人

1.先要确定该客人是否确已喝醉,然后决定是否继续供应含酒精饮料。

2.如果客人的确已喝醉,应礼貌地告诉客人不可以再向他提供含酒精饮料,同时要上点清口、醒酒的食品或饮品,更加耐心细致地做好服务。

3.如果客人呕吐或带来其他麻烦,服务员要及时送上漱口水、湿毛巾,并耐心地迅速清理污物,不可表示出厌恶的情绪。

4.如果该客人住在本酒店,而没有人搀扶又不能够回房间,应通知保安部陪同客人回去;该客人不住在酒店时,也应交由保安部门陪同他离去。

5.如有损坏餐厅物品时,应对同桌的清醒者讲明损失并要求赔偿。

6.事故处理结果应记录在工作日记上。

(三)如何处理突然停电事故

1.服务员要保持镇静,先向客人道歉,并立即开启应急灯或为客人餐桌点燃备用蜡烛,创造浪漫氛围(也可穿插典故讲解,让其享受烛光餐)。

2.了解停电原因,向客人做出解释,并再次表示歉意;要尽可能地提供更优质的服务,加以弥补。

3.对强烈不满的客人,通知领班、主管灵活解决;但不要离台,以防止客人逃账。

4.平时餐厅的备用蜡烛,应该放在固定的位置,令取用时方便。

(四)如何处理宾客损坏餐具事件

1.要马上收拾干净破损的餐具。

2.对客人的失误表示同情,关切地询问客人有无碰伤并采取相应措施。

3.不要指责或批评客人,使客人难堪。

4.要在合适的时机用合适的方式告诉客人需要赔偿,并通知吧台结账时一起计算收款。

(五)对于着急用餐的客人怎样接待

1.给客人介绍烹饪,简单、快捷的菜式品种,或多推荐套餐,少推荐点菜。此种情况下"快吃、吃饱"比"细吃、吃好"重要。

2.亲自到厨房(或通知领班、主管)和厨师长联系安排请厨师先做,同时在菜单上写上"加快"字样,要求传菜的配合工作。

3.服务要快捷、灵敏,同时询问客人是否还有事情需要帮助,尽量满足客人的要求。

4.预先备好账单,缩短客人结账时间。

(六)对较晚时间来就餐的客人应怎样接待

1.要更加热情,不得有任何不耐烦、不高兴的表示。

2.先请客人入座,然后和厨房联系,联系后再为客人介绍简单、快捷的菜品。

3.自始至终热情服务,不得以关门、清洁卫生等方式催促客人。

(七)发现未付款的客人离开餐厅时如何办

1.服务员应马上追上前有礼貌地告诉客人吧台收款位置,如:"先生,您是要买单吗?这边请",如客人仍不配合,可把他领离他的朋友小声地把情况说明,请客人补付餐费。

2.要注意礼貌,不能粗声粗气地质问客人,以免使客人反感而不承认,给工作带来更大麻烦。

(八)客人要求点菜牌上没有的菜式时应怎么办

遇到客人要求点菜牌上没有的菜式时,首先要向厨房师傅了解该菜能否马上做,如

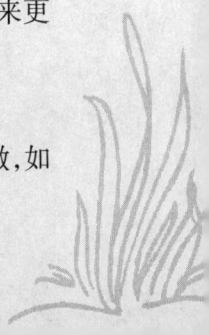

厨房有原料能马上做,应尽量满足客人要求,如厨房暂时无原料不能马上做的,要向客人解释或请客人预定下次品尝。

(九)客人要向服务员敬酒怎么办

1.表示致谢,并婉言谢绝,向客人说明工作时间不允许喝酒。

2.要主动地为其服务,如撤餐具、加茶水等避开客人的注意力,不致使其难堪,或借故为其他客人服务。

3.如确实难于推辞,应先接过来,告知客人工作结束后再饮,然后换个酒杯斟满后给客人,同时表示谢意。

(十)给客人上错了菜,会引起客人极大不快,应怎么办

1.应先表示歉意,若客人还没动筷,应及时撤掉,端回厨房核实,并及时上客人点的菜。

2.若客人已开始吃,则不必再撤,同时不能收费;也可视情况,婉转地说服客人买下,若客人执意不肯,上报主管后作为赠送菜。

(十一)在服务中,因操作不当弄脏客人衣服(物)怎么办

1.先诚恳地向客人道歉,并赶快用干净毛巾帮客人擦掉(如果是女士,让女服务员为其擦拭),服务中要多关注这位客人,提供满意的服务,以弥补过失。

2.征询客人的意见,帮助客人清洗,替客人干洗后按地址送回,并再次道歉,对客人的原谅表示谢意。

3.服务员应注意,决不可强词夺理,推卸责任。应及时上报领班、主管,必要时也可让领导出面道歉,以示对客人的尊重。

(十二)客人对菜肴质量不满怎么办

1.重新加工　若客人提出的菜肴有质量问题可以重新加工。得以解决的情况,如口味偏淡、成熟度不够等,服务员应对客人说:"请稍候,让厨师再给您加工一下。"

2.换菜　若客人对菜肴原料的变质或烹饪的严重失误提出责疑,服务员应向主管汇报,由主管出面表示关注与致歉,并应维护餐厅形象。主管应对客人说:"十分抱歉,这是我们的一个失误,以后不会发生的,我立即让厨房给您换菜,一定令您满意。"并指示服务员给客人加菜,以求诚心慰问。

3.价格折扣　若客人在结账时,提出菜肴质量问题,又是情况属实,加上客人是主顾,一般应给予菜价折扣,以九折或九五折为妥。

(十三)客人结账时,认为价格不合理怎么办

1.应耐心替客人对账,向客人解释账单上的每项收费。

2.若是回头客人,可请示上司给予适当的优惠。

3.待客人结账后,有礼貌地向客人表示感谢。

78

第五章　休闲农业导游服务

第一节　休闲农业企业导游人员

一、导游人员的职责

1.导游讲解　负责休闲观光旅游景区、景点的导游讲解,解答游客的问询。

2.安全提示　提醒游客在参观浏览过程中注意安全,并给以必要的协助。

3.结合景物向游客宣讲环境、生态和文物保护知识。

二、导游人员的基本素质

一名合格的导游人员应具备如下基本素质。

（一）良好的思想品德

1.热爱祖国,热爱家乡　当一名导游人员真正热爱自己的祖国、热爱自己的家乡时,他的讲解就会是发自内心的,就会有一种内在的激情,就会产生很强的感染力。旅游者正是透过导游人员的言行举止来观察、了解当地及企业。

2.优秀的道德品质　导游人员要关心企业,热情地为国内外游客服务。

3.热爱本职工作,尽职敬业　导游人员良好的品德还体现在热爱本职工作,要对自己的导游工作高度负责。导游工作是一项传播文化、促进友谊的服务性工作,因而也是一种很有意义的工作。导游人员在为八方来客提供旅游服务时,不但可以结识众多的朋友,而且能增长见识、开阔视野、丰富知识,导游人员应该为此感到自豪。为此,导游人员应树立远大理想,将个人的抱负与事业的成功紧密结合起来,立足本职工作,热爱本职工作,刻苦钻研业务,不断进取,全身心地投入到工作之中,热忱地为游客提供优质的导游服务。

4. 高尚的情操　高尚的情操是导游人员的必备修养之一。导游人员要不断学习,提高思想觉悟,努力使个人利益与国家利益和集体利益融合起来;要提高判断是非、识别善恶、分清荣辱的能力;培养自我控制的能力,自觉抵制形形色色的精神污染,力争做到"财

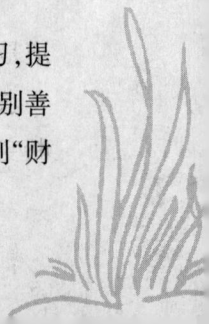

贿不足以动其心,爵禄不足以移其志",始终保持高尚的情操。

5.遵纪守法 遵纪守法是每个公民的义务,导游人员尤其应树立高度的法纪观念,自觉地遵守国家的法律、法令及规章,严格执行导游服务质量标准,严守国家机密和商业秘密,维护国家和企业的利益。

(二)渊博的知识

1.语言知识 导游讲解是一项综合性的口语艺术,要求导游人员应具有很强的口语表达能力。不过,导游人员的口语艺术应置于丰富的知识宝库之中,知识宝库是土壤,口语艺术是种子,二者结合就能获得收成——良好的导游效果。

2.史地文化知识 史地文化知识包括历史、地理、宗教、民族、风俗民情、风物特产、文学艺术、古建筑园林等诸方面的知识。这些知识是导游讲解的素材。导游人员不但要熟知园区的特色,还要善于将本地的风景名胜与历史典故、文学名著、名人轶事等有机地联系在一起。

3.政策法规知识 导游人员在导游讲解、回答游客对有关问题的问询或同游客讨论有关问题时,必须以国家的方针政策和法规作指导。在处理旅游过程中出现的任何问题时,导游人员都要正确理解国家的政策和有关的法规并合理运用。导游人员自身的言行更要符合国家政策法规的要求,更要遵纪守法。

4.心理学和美学知识 导游人员的工作对象主要是形形色色的游客,导游人员是做人的工作,而且往往是与之短暂相处,因而掌握必要的心理学知识具有特殊的重要性。导游人员要随时了解游客的心理活动,有的放矢地做好导游讲解和服务工作,有针对性地提供心理服务,从而使游客在心理上得到满足,在精神上获得享受。事实证明,向游客多提供心理服务远比功能服务更重要。

旅游活动是一项综合性的审美活动。导游人员的责任不仅要向游客传播知识,也要传递美的信息,让他们获得美的享受。一名合格的导游人员要懂得什么是美,知道美在何处,并善于用生动形象的语言向不同审美情趣的游客介绍美,而且还要用美学知识指导自己的仪容、仪态。

(三)较强的独立工作能力和协调应变能力

导游人员的工作对象形形色色,旅游活动丰富多彩,出现的问题和性质各不相同,不允许导游人员工作时墨守成规。相反,必须根据不同的时空条件采取相应的措施,予以合理处理。导游人员的独立工作能力和协调应变能力主要表现在以下几个方面。

1.善于和各种人打交道的能力 导游人员的工作对象甚为广泛,善于和各种人打交道是导游人员最重要的素质之一。与层次不同、品味各异、性格相左的中外人士打交道,要求导游人员必须掌握一定的公关知识并能熟练运用,具有灵活性、理解能力和适应不断变化着的氛围的能力,能随机应变处理问题,搞好各方面的关系。

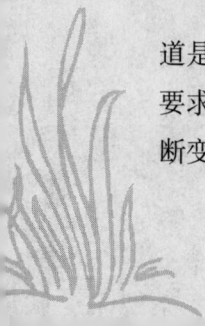

导游工作的性质特殊、人际关系比较复杂，要求导游人员应是一个活泼型、外向型的人，是一个精力充沛、情绪饱满的人，是一个具有爱心、与人打交道热情、待人诚恳、富于幽默感的人，是一个有能力解决问题、可让人信赖、依靠的人。性格内向、腼腆的导游人员，应主动在实践中不断磨炼自己，培养处理人际关系的能力。

2.独立分析、解决问题、处理事故的能力　沉着分析、果断决定、正确处理意外事故是导游人员最重要的能力之一。旅客在园区活动中意外事故在所难免，能否妥善地处理事故是对导游人员的一种严峻考验。临危不惧、头脑清醒、遇事不乱、处理果断、办事利索、积极主动、随机应变是导游人员处理意外事故时应具备的能力。

（四）较高的导游技能

服务技能可分为操作技能和智力技能两类。导游服务需要的主要是智力技能，导游人员要具备协作共事，与游客成为伙伴，使旅游生活愉快的技能；根据旅游接待计划和实情，巧妙、合理地安排参观游览活动的技能；选择最佳的游览点、线，组织活动，当好导演的技能；触景生情、随机应变，进行生动精彩的导游讲解的技能；灵活回答游客的问询，帮助他们了解旅游目的地的宣讲技能；沉着、果断地处理意外事故的应急技能；合情、合理、合法地处理各种问题的技能等。

语言、知识、服务技能构成了导游服务三要素，缺一不可。只有三者的完美结合才称得上是高质量的导游服务。导游人员若缺乏必要的知识，势必"巧媳妇难为无米之炊"；但语言表达能力的强弱、导游方法的差异、导游技能的高低，会使同样的讲解产生不同的甚至截然相反的导游效果：有的平淡无奇、令人昏昏欲睡，使旅游活动失去光彩；有的则有声有色、不同凡响，让游客获得最大限度的美的享受。技能高超的导游人员对相同的内容能从不同角度讲解，使其达到不同的意境，满足不同层次和不同审美情趣的游客的审美要求。

导游人员的服务技能与他的工作能力和掌握的知识有很大的关系，需要在实践中培养和发展。一个人的能力是在掌握知识和技能的过程中形成和发展的，而发展了的能力又可促使他更快、更好地掌握知识和技能并使其融会贯通，运用起来得心应手。因此，导游人员要在掌握丰富知识的基础上，努力学习导游方法、技巧，并不断总结、提炼，形成适合自己特长的导游方法、技巧及自己独有的导游风格。

（五）身心健康

导游工作是一项脑力劳动和体力劳动高度结合的工作，工作纷繁，量大面广，体力消耗大，而且工作对象复杂。因此，导游人员必须是一个身心健康的人，否则很难胜任工作。身心健康包括身体健康、心理平衡、头脑冷静和思想健康四个方面。

1.身体健康　导游人员从事的工作要求他能走路会爬山，能连续不间断地工作。

2.心理平衡　导游人员的精神要始终愉快、饱满，在游客面前应显示出良好的精神状

81

态,进入"导游"角色要快,并且能保持始终而不受任何外来因素的影响。面对游客,导游人员应笑口常开,决不能把丝毫不悦的情绪带到导游工作中去。

3.头脑冷静　在旅游过程中,导游人员应始终保持清醒头脑,处事沉着、冷静、有条不紊;处理各方面关系时要机智、灵活、友好;处理突发事件以及游客的挑剔、投诉时要干脆利索,要合情、合理、合法。

4.思想健康　导游人员应具有高尚的情操和很强的自控能力,抵制形形色色的诱惑,清除种种腐朽思想的污染。

总之,一名合格的导游人员应精干、老练、沉着、果断、坚定,而且工作积极、耐心、会关心人、体谅人,富于幽默感,导游技能高超。

（六）仪容、仪表

仪容仪表是指导游人员的容貌、姿态、服饰等,是导游人员精神面貌的外观体现,它与导游人员的道德、修养、文化水平、审美情趣及文明程度有着密切的关系。同时导游人员的仪容仪表还体现着对旅游者的尊重程度。一个人的装束、发型、行、站、坐、卧的姿势等既反映了自身的修养程度,又体现出对对方的尊重程度,导游人员要保持与其行业特点、企业形象相一致的仪容、仪表和仪态。

在游客面前,导游人员的仪容要求即容貌修饰上要得体,要与所在工作岗位、身份、年龄、性别相称,不能引起游客的反感。仪表要求导游人员的服饰整洁端庄,要与周围的环境、场所协调,不能过分华丽,要与从事的工作相宜。仪态要求导游人员站有站姿,坐有坐相,举止端庄稳重,落落大方,不要给游客傲慢或轻浮之感。

仪容、仪表、仪态虽然表现的是导游人员的外部特征,然而却是其内在素质的体现,它与导游人员的思想修养、道德品质和文明程度密切相关。

三、导游人员职业道德

旅游一线人员职业道德是社会主义道德的基本要求在旅游工作中的具体体现,它不仅是每个导游人员在业务工作中必须遵循的行为准则,而且也是人们用以衡量导游人员的职业道德行为和导游服务质量的标准。旅游一线员工职业道德的内容是:

1.爱国爱企、自尊自强　爱国爱企、自尊自强是社会主义各行各业人员共同的道德规范和基本要求,具有普遍的指导意义,对导游人员自然也不例外。它要求导游人员在其业务工作中以主人翁的姿态出现,坚持祖国利益高于一切,时时处处以国家利益为重,为国家为企业的发展多作贡献;在工作中,要维护国家和民族的尊严,有自尊心和自信心,要勇于开拓、勇于实践、自强不息。

2.遵纪守法、敬业爱岗　遵纪守法、敬业爱岗也是社会主义各行各业人员共同的道德规范。不过,由于所在行业不同,从事的职业各异,除要遵守国家的法律、法令外,不同行业和职业的人还要遵守本行业的法规和所在单位的纪律。导游人员也应同其他职业的人员一样,必须遵守国家的法律、法令,自觉地执行旅游行业和所在旅行社的各项规章制度,遵守旅游行业的纪律,执行导游服务质量标准,敬业爱岗。

3.公私分明、诚实善良　公私分明、诚实善良对于从事第三产业的人员尤为重要,因为第三产业主要是为其他产业提供服务的。在服务中必须公私分明、诚实待客。旅游业是第三产业中的一个重要产业,导游人员在工作中要不谋私利、公私分明,无论是来自游客方面,还是来自其他方面的诱惑,都应有较强的自控能力,自觉地抵制各种精神污染;对待游客要真诚公道,信誉第一,服务中要做到"诚于中而形于外",不弄虚作假,不欺骗游客。

4.克勤克俭、宾客至上　克勤克俭、宾客至上是服务行业基本的道德规范,是服务人员的基本服务标准。导游人员在工作中要兢兢业业、尽心尽责,充分发挥主观能动性、积极性和创造性;导游人员要有很强的服务意识,要一切为游客着想,主动热情地为游客提供优质的导游服务,把令游客满意作为衡量自己工作的唯一标准。

5.热情大度、清洁端庄　热情大度、清洁端庄既是服务人员的待客之道,也是服务人员应具备的基本品德,它体现了服务人员的一种高雅情操。导游人员要将热情友好贯穿于整个导游服务过程中,不管游客对导游人员有何想法和看法,导游人员要始终如一地为游客着想,关心他们,为他们排忧解难。导游人员接待游客时要仪表整洁,讲文明、懂礼貌、笑口常开、举止大方,使游客有舒心、满意之感。

6.一视同仁、不卑不亢　一视同仁、不卑不亢是爱国主义、国际主义在导游服务中的具体体现,是国际交往、人际关系的一项行为准则。

导游人员在态度上、行为上对待任何游客都要一个样,决不能厚此薄彼,切忌以地位取人,以钱财取人,以貌取人和以肤色取人;导游人员在工作中要维护自己的人格、国格,坚持自己的信念。要谦虚谨慎,但不妄自菲薄;热情服务,但不低三下四;热爱祖国,但不妄自尊大;学习先进,但不盲目崇洋。

7.耐心细致、文明礼貌　耐心细致、文明礼貌是服务人员最重要的业务要求和行为规范之一,是衡量服务人员工作态度和工作责任心的一项重要标准。导游人员对待游客要虚心、耐心,关照体贴入微。导游服务要有针对性,要根据游客的心理和需要提供个性化服务,时刻注意游客的反映,帮助游客解决旅途中的问题;导游人员要尊重每一位游客,特别要尊重他们的宗教信仰、民族风俗和生活习惯,对游客要笑脸相迎、彬彬有礼、落落大方。

8.团结服从、不忘大局　团结服从、不忘大局是正确处理各方面关系的行为准则,是集体主义原则在服务工作中的具体体现。旅游接待服务是由许多环节组成的综合性服务,每一个环节的服务质量如何,都会对整个接待服务产生影响。导游服务虽是旅游接

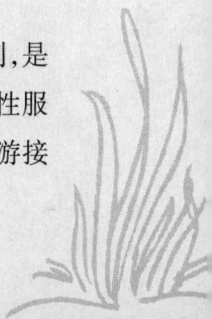

待服务中的重要一环,然而必须以旅游接待整体为重,以国家旅游业为重。导游人员在业务工作中要团结协作、顾全大局,要个人利益服从集体利益,局部利益服从整体利益,眼前利益服从长远利益。要发扬主人翁精神,工作中要与有关接待单位和人员密切配合、互相支持。

9.优质服务、好学向上　优质服务、好学向上是衡量服务人员工作优劣、是否有进取心的一项最重要、最基本的标准,也是服务人员职业道德水准的最终体现。优质服务应该是规范化与个性化相结合的服务,应该是高效率的服务,应该是高附加值的服务。导游人员要端正服务态度,树立全心全意为人民服务的思想,在服务中尽心、尽力、尽职、尽责,对工作精益求精;导游人员要勤于学习、善于学习,不断提高自己的业务水平,学先进、赶先进,锲而不舍,不断进取。

第二节　休闲农业企业导游服务技能

导游服务技能是指导游人员运用所掌握的知识和经验为游客服务的方式和能力。导游人员通过不断地学习和实践,其掌握的知识的广度和深度会不断延伸,实际经验会越来越丰富,为游客服务的方式就会越来越多,服务能力也越来越强。俗语说:"熟能生巧。"这就是说,熟练的形成不仅能巩固和发展原有的技能,而且能创造新的技能,条件是必须反复实践,开动脑筋,勤学苦练,不断积累,不断总结提高。

一、导游人员的语言技能

导游是一种社会职业,与其他社会职业一样,在长期的社会实践中逐渐形成了具有职业特点的语言——导游语言。

导游语言是导游人员与游客交流思想感情、指导游览、进行讲解、传播文化时使用的一种具有丰富表达力、生动形象的口头语言。

导游语言是导游人员用来做好导游服务的重要手段和工具,是导游人员最重要的基本功之一,导游服务效果的好坏在相当大的程度上取决于导游人员掌握和运用语言的能力。

导游人员掌握的语言知识越丰富,驾驭语言的能力越强,在导游讲解中运用得越好,就能使大好河山的"静态"变为动态,使沉睡了千百年的文物古迹死而复活,使优雅的传统工艺品栩栩如生,从而使游客感到旅游生活妙趣横生,留下经久难忘的深刻印象。

所以,导游人员掌握和运用语言的能力对做好导游服务工作、提高导游服务质量至关重要,每一位导游人员都应练好语言这一基本功,并使其语言水平不断提高。

（一）导游语言的运用原则

作为导游不仅要有坚实的语言（汉语、外语）功底,还要在运用语言时能够遵循导游语言的四个原则和导游语言的八要素。

1.导游语言四原则

（1）正确　正确即导游语言的规范性,这是导游语言科学性的具体体现,是导游人员在导游讲解时必须遵守的基本原则。通过导游活动,导游人员向游客传播中华文明,传递审美信息。在这一活动中,"正确性"起着至关重要的作用。所以要求导游人员在宣传、讲解时,在回答游客的问题时必须正确无误。而且,导游语言的科学性越强,越能吸引游客的注意,越能满足他们的求知欲,导游人员也会受到更多的尊重。

导游语言的正确性主要表现在下述三个方面：

①语音、语调、语法、用词要正确,否则,旅游者听不懂就无法达到表达思想传递信息的目的。

②导游讲解的内容要正确无误,有根有据,讲解景点的历史沿革、构造、用途或数据资料必须准确,有根据有出处,切忌胡编乱造、信口开河、张冠李戴。即使是神话传说、民间故事也要有据可查,而且必须与游览景点有紧密联系。

③敬语和谦语有助于传达友谊和感情,但应注意尊重对方的风俗习惯和语言习惯,也要适合自己的身份。

（2）清楚　导游讲解的清楚性是以其正确性为前提的,是导游语言科学性的又一体现,导游讲解时的语言要：

①口齿清晰,简洁明了,确切达意;措辞恰当,组合相宜;层次分明,逻辑性强。

②文物古迹的历史背景和艺术价值,自然景观的成因及特征必须交代清楚。

③使用通俗易懂的语言,忌用歧义语和生僻词汇;尽量口语短句化、避免冗长的书面语;不要满口空话、套话;使用中国专用的政治词汇时要作适当解释。

（3）生动　生动形象、幽默诙谐是导游语言美之所在,是导游语言艺术性和趣味性的具体体现。导游人员在导游讲解时力争做到：

①使用形象化的语言,以求创造美的意境。

②使用生动流畅的语言。

③在充分掌握导游资料的情况下注意趣味性,努力使情景与语言交融,激发起游客浓郁的游兴。

④恰当比喻。以熟喻生使导游讲解更易理解,生动的比喻往往会让人感到亲切。

⑤幽默感。"幽默是一种优美的、健康的品质。"（列宁语）讲话幽默风趣是导游语言艺术性的重要体现,它使导游讲解锦上添花,使听者欢笑、轻松愉快,使气氛活跃,提高

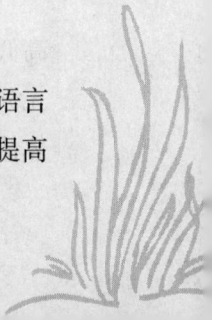

游客的游兴;遇到问题时,幽默可以稳定情绪,保持乐观,忘记(至少暂时忘记)忧愁和烦恼;幽默还是一种处理问题的手段,它可以消除人际关系中的龃龉,可以缓解甚至摆脱窘境。

⑥表情、动作的有机配合。在导游讲解时,导游人员的神态表情、手势动作以及声音语调若能与讲解的内容、当时的气氛有机配合,和谐一致,定会产生极佳的效果。

(4)灵活　灵活即根据不同的对象和时空条件进行导游讲解,注意因人而异,因地制宜。根据这一原则,在讲解中,导游人员要灵活使用导游语言,使特定景点的讲解适应不同游客的文化修养和审美情趣,满足他们的不同层次的审美要求。如对专家学者和中国通,导游人员在讲解时要注意语言的品位,要谨慎、规范;对初访者,导游人员要热情洋溢;对年老体弱的游客,讲解时力求简洁从容;对青年,导游讲解应活泼流畅;对文化水平低的游客,导游语言要力求通俗化。这就要求导游人员在较高的语言修养的基础上灵活地安排讲解内容,使其深浅恰当、雅俗相宜,努力使每个游客都能获得美的享受。此外,导游词要与游客的目光所及的景象为一体,要使游客的注意力集中于导游讲解之中,这是衡量导游讲解成功与否的标准之一。

2.导游语言的八要素

(1)言之有物　导游讲解的内容要充实,有说服力;导游人员的语言应是客观事物的观念化,具有鲜明的思想性;不讲空话、套话,不滥用词藻。

(2)言之有据　导游讲解必须有根有据,令人信服,不得胡编乱造、张冠李戴。

(3)言之有理　导游人员说话要诚实,不尚虚文;要讲道理,要以理服人,即要言之有理,入情入理。

(4)言之有情　导游人员的言语要友好,富有人情味,要让听者感到亲切、温暖。

(5)言之有礼　导游人员讲话要言语文雅,谦虚敬人,令游客听后赏心悦耳。

(6)言之有神　言者有神,言必传神,导游人员在讲解时要精神饱满,声音传神,要多用形象化的语言,引人入胜。

(7)言之有趣　导游人员说话诙谐、幽默、风趣会令人愉悦,有助于活跃气氛,提高游兴。

(8)言之有喻　适当比喻,以熟喻生,生动易懂,听者倍感亲切,会留下深刻美好的印象。

(二)导游语言的语音、语调和节奏

导游语言是一种口头语言,从导游讲解的性质看,应该是一种艺术语言,讲究音调的高低强弱,语气的起承转合、自然流畅以及节奏的抑扬顿挫,即讲究语言的音乐性。为了充分发挥语言艺术的作用,导游人员应努力使导游语言的音调和节奏根据讲解对象的具体情况和当时的时空条件运用得恰到好处,以求达到传情、传神的目的。

导游语言作为一种艺术语言,导游讲解的语调应优美自然、抑扬顿挫,正确又富于变化,令听者感到亲切自然,从而产生感染力,打动游客的心弦,激发他们的游兴。

语言节奏是导游语言性的要求之一,一般是指导游讲解的节奏和声调的节奏。

1.讲解的节奏　视听者的具体情况和时空条件而定,要徐疾有致、快慢相宜。

2.声调的节奏　导游讲解时,导游人员的声音要富有感情色彩,要抑扬顿挫,但不矫揉造作;声调要适时变化,要有音乐般的节奏感。

音调和节奏体现着导游语言的艺术性和趣味性,直接影响着游客的审美效果,导游人员必须予以高度重视。

二、导游人员的导游讲解技能

导游讲解就是导游人员以丰富多彩的社会生活和璀璨壮丽的自然美景为题材,以兴趣爱好不同、审美情趣各异的游客为对象,对自己掌握的各类知识进行整理、加工和提炼,用简要明快的语言进行的一种意境的再创造。所以,导游讲解技能表示的就是导游方法的多样性、灵活性和创造性。

(一)导游讲解方法的运用原则

正确掌握导游艺术,灵活运用导游方法是完成高质量的导游服务的基本保证之一。导游方法和技巧的运用是一种创造性劳动,由于导游人员的具体条件各异,他们的工作范围不同,因此每个导游人员的导游方法和技巧应该各不相同。而且,在现场导游时,对不同的对象必须采用不同的导游方法和技巧。

一名优秀导游人员的服务之所以卓有成效,其导游效果之所以不同凡响,是因为他有渊博的知识,是因为他的导游方法和技巧适合实际需要,符合客观规律,又敢于抛弃僵化的模式,探索新的表现形式,敢于标新立异,使导游讲解具有自己的特色,有与众不同的魅力。

导游方法千差万别,各人在运用时又千变万化,然而,各种方法和技巧有其内在的基本规律,即导游人员在导游活动中必须遵循如下三个原则。

1.以客观现实为依托的原则　所谓客观现实是指独立于人的意识之外,又能为人的意识所反映的客观存在。它包括自然界的万事万物和人类社会的各种事物和因素,其中有的是有形的,有的则是无形的,前者如名山大川、文物古迹,后者如社会制度、旅游目的地人民对游客的友好态度,但它们都是客观存在的。导游人员在进行导游讲解时,无论采用何种方法或技巧,都必须以客观存在为依托,即必须建立在自然界或人类社会某种客观现实的基础上。只有这样,经过导游人员的加工、整理,构造出来的意境才能对游客产生感染力,激发游客的兴趣,使游客浮想联翩,在不知不觉中受到感染。那种不以客观现实为依托凭空想象的导游词最多只能博得游客的一笑,弄不好还会产生相

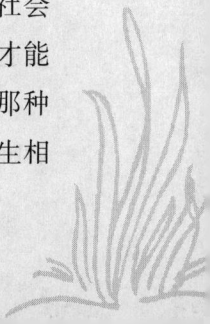

反的效果。

2.针对性原则　所谓针对性,就是从对象的实际情况出发,因人而异,有的放矢。导游人员的服务对象复杂,层次悬殊,审美情趣各不相同,因此,要根据不同游客的具体情况,在接待方式、服务形式、导游内容、语言运用、讲解的方式方法上应该有所不同。

导游人员进行导游讲解时,导游词内容的广度、深度及结构应该有较大的差异。通俗地说,就是要看人说话,投其所好,导游人员讲的正是游客希望知道的、有能力接受的、感兴趣的内容。

导游词的内容因对象的不同而有所区别:如对初次远道而来的游客,导游人员可讲得简单一些,简洁明了地作一般性介绍;对多次来宁夏的游客则应多讲一些,讲得深一点;对比较了解游客,导游词的内容应该广一些、深一点;对文化层次比较低的游客就得多讲些传闻轶事,尽力使讲解更生动、更风趣。总之,导游人员要在导游讲解的内容和方式方法上多下功夫,从实际出发,因人、因时、因地解讲,尽可能做到有的放矢,使游客的不同需求都得到适当的满足。

3.灵活性原则　所谓灵活性,就是导游人员的讲解要因人、因时、因地而异。导游讲解的内容应可深可浅、可长可短、可断可续,一切需求视具体情况而定,切忌千篇一律,墨守成规。

导游讲解贵在灵活、妙在变化的原因是由于游客的审美情趣各不相同,各旅游景点的美学特征千差万别,大自然又千变万化、阴晴不定,游览时的气氛、游客的情绪也随时变化。所以,即使游览同一景点,每次都不一样,导游人员必须根据季节的变化,时间、对象的不同,灵活地选择导游知识,采用切合实际的讲解方式。

导游讲解以客观现实为依托,针对性和灵活性体现了导游活动的本质,也反映了导游方法的规律,它们不是孤立的抽象概念,而是不可分割的有机整体。导游人员应灵活地运用这三个基本原则,自然而巧妙地将其融进导游讲解之中,不断提高导游讲解水平和导游服务质量。

(二)常见的导游讲解方法和技巧

导游方法和技巧是导游艺术的重要组成部分。为了使自己成为游客的注意中心并将他们吸引在自己周围,导游人员必须讲究导游讲解的方式、方法,要善于编织讲解的故事情节,结合游览活动的内容,答疑解惑,制造悬念,引人入胜;要有的放矢、启发联想、触景生情,要有选择地介绍,采用有问有答、交流式对话,努力将游客导入意境。

国内外导游界的前辈们总结出了很多行之有效的导游方法和技巧,优秀导游人员还要通过实践不断予以补充、丰富,现择要介绍八种导游方法。

1.分段讲解法　"分段讲解法",就是将一处大景点分为前后衔接的若干部分来分段讲解。首先在前往景点的途中或在景点入口处的示意图前用概述法介绍景点(包括历史沿革、占地面积、欣赏价值等），并介绍主要景观的名称，使游客对即将游览的景点有个初步印象，达到"见树先见林"的效果，使之有"一睹为快"的要求。即通过导游前导，将游客导入审美对象的意境，然后到现场顺次游览，导游进行讲解。在讲解这一景区的景物时注意不要过多涉及下一区的景物，但要在快结束这一景区的游览时适当地讲一点下一个景区，目的是为了引起游客对下一景区的兴趣，并使导游讲解一环扣一环，让景物讲解环环扣人心弦。

2.突出重点法　突出重点法就是在导游讲解时避免面面俱到，而是突出某一方面的讲解方法。一处景点，要讲解的内容很多，导游人员必须根据不同的时空条件和对象区别对待，有的放矢地做到轻重搭配，重点突出，详略得当，疏密有致。

3.突出游客感兴趣的内容　游客的兴趣爱好各不相同，但从事同一职业的人、文化层次相同的人往往有共同的爱好。投其所好的讲解方法往往能产生良好的导游效果。

4.触景生情法　触景生情法就是见物生情、借题发挥的导游讲解方法。在导游讲解时，导游人员不能就事论事地介绍景物，而是要借题发挥，利用所见景物制造意境，引人入胜，使游客产生联想，从而领略其中之妙趣。

触景生情法的第二个含义是导游讲解的内容要与所见景物和谐统一，使其情景交融，让游客感到景中有情，情中有景。

触景生情贵在发挥，要自然、正确、切题地发挥。导游人员要通过生动形象的讲解、有趣而感人的语言，赋予死的景物以生命，注入情感，引导游客进入审美对象的特定意境，从而使他们获得更多的知识和美的享受。

5.虚实结合法　虚实结合法就是在导游讲解中将典故、传说与景物介绍有机结合，即编织故事情节的导游手法。就是说，导游讲解要故事化，以求产生艺术感染力，努力避免平淡的、枯燥乏味的、就事论事的讲解方法。

虚实结合法中的"实"是指景观的实体、实物、史实、艺术价值等，而"虚"则指与景观有关的民间传说、神话故事、趣闻轶事等。"虚"与"实"必须有机结合，但以"实"为主，以"虚"为辅，"虚"为"实"服务，以"虚"烘托情节，以"虚"加深"实"的存在，努力将无情的景物变成有情的导游讲解。

6.问答法　问答法就是在导游讲解时，导游人员向游客提问题或启发他们提问题的导游方法。使用问答法的目的是为了活跃游览气氛，激发游客的想象力，促使游客、导游人员之间产生思想交流，使游客获得参与感或自我成就感的愉快；也可避免导游人员唱独角戏的灌输式讲解，加深游客对所游览景点的印象。问答法有多种形式，主要有：

（1）自问自答法　导游人员自己提出问题并作适当停顿，让游客猜想但并不期待他们回答，只是为了吸引他们的注意力，促使他们思考、激起兴趣，然后做简洁明了的回答或

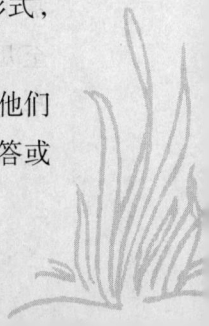

做生动形象的介绍,还可借题发挥,给游客留下深刻的印象。

(2)我问客答法 导游人员要善于提问题,但要从实际出发,适当运用。希望游客回答的问题要提得恰当,估计他们不会毫无所知,也要估计到会有不同答案。导游人员要诱导游客回答,但不要强迫他们回答,以免使游客感到尴尬。游客的回答不论对错,导游人员都不应打断,更不能讥笑,而要给予鼓励。最后由导游人员讲解,并引出更多、更广的话题。

(3)客问我答法 导游人员要善于调动游客的积极性和他们的想象力,欢迎他们提问题。游客提出问题,证明他们对某一景物产生了兴趣,进入了审美角色。对他们提出的问题,即使是幼稚可笑的,导游人员也绝不能置若罔闻,千万不要笑话他们,更不能显示出不耐烦,而是要善于有选择地将回答和讲解有机地结合起来。不过,对游客的提问,导游人员不要他们问什么就回答什么,一般只回答一些与景点有关的问题,注意不要让游客的提问冲击你的讲解,打乱你的安排。

在长期的导游实践中,导游人员要学会认真倾听游客的提问,善于思考,掌握游客提问的一般规律,并总结出一套相应的"客问我答"的导游技巧,以求随时满足游客的好奇心理。

7.制造悬念法 导游人员在讲解过程中适时提出一些令人感兴趣的话题,但故意引而不发,激起游客急于知道答案的欲望,使其产生悬念的方法即为制造悬念法,俗称"吊胃口"、"卖关子"。

这是常用的一种导游手法。通常是导游人员先提起话题或提出问题,激起游客的兴趣,但不告知下文或暂不回答,让他们去思考、去琢磨、去判断,最后才讲出结果。这是一种"先藏后露、欲扬先抑、引而不发"的手法,一旦"发(讲)"出来,会给游客留下特别深刻的印象,而且导游人员可始终处于主导地位,成为游客注意的焦点。

制造悬念的方法很多,例如问答法、引而不发法、引人入胜法、分段讲解法等都可能激起游客对某一景物的兴趣,引起遐想,急于知道结果,从而制造出悬念。

制造悬念是导游讲解的重要手法,在活跃气氛、制造意境、提高游客游兴、提高导游讲解效果诸方面往往能起到重要作用,所以导游人员都比较喜欢用这一手法。但是,再好的导游方法都不能滥用,"悬念"不能乱造,以免适得其反。

8.画龙点睛法 用凝炼的词句概括所游览景点的独特之处,给游客留下突出印象的导游手法称之为"画龙点睛法"。游客听了导游讲解,观赏了景观,既看到了"林",又欣赏了"树",一般都会有一番议论。导游人员可趁机给予适当的总结,以简练的语言,甚至几个字,点出景物精华之所在,帮助游客进一步领略其奥妙,获得更多更高的精神享受。

三、景点景区的导游与讲解

（一）参观路线的巧妙安排

景区规模有限而客流量大是"五一""十一"黄金周旅游的现实情况，因此导游员必须根据自己到达的时间巧妙安排参观路线。

（二）由此及彼的合理延伸

有的旅游景点可看见的东西过于单薄，在参观时，如能结合景区的特色加以再延伸，这样就能使在这种由此及彼的合理延伸中渐渐变得高大和丰满起来。

（三）留有一定的摄像时间

摄影录像是人们用影像的形式把自己美好的旅游经历永远保留下来的常用方法，也是旅游活动的重要内容之一。因此，在参观和讲解结束后，务必要给旅游者留有一定的摄影录像时间，使他们带走这些美好的回忆。

第六章　休闲农业安保服务

第一节　休闲农业企业保安人员职业素质

一、保安人员的职责

1.执行守护等安全防范任务。

2.对发生在执勤区域的刑事案件、治安案件、治安灾害事故立即采取措施予以制止，及时报告当地公安机关，并保护案发现场，协助公安机关维护案发现场的秩序。

3.落实防火、防盗、防爆炸、防破坏等治安防范措施，发现执勤区域内的治安隐患，立即报告并予以处置。

4.抓获、扭送现行违法犯罪人员。

5.检查、监督安全防范措施的落实情况。

6.法律、行政法规规定的其他职责。

确定保安人员的职责有利于保安人员明确其何为可为，何为不可为，防止其超越法律权限，同时也防止相互推诿责任，有利于保安人员正确地履行职责，保证保安服务的质量。

二、保安人员的职业道德

1.遵纪守法，廉洁公正　保安从业人员，必须依法执行各种保安服务，严守国家法律、法规和各种行业规章，保安人员还必须严格遵守保安人员的纪律，要做到大公无私、不贪不占、秉公执勤，这样才能保证保安服务的公正性，才能赢得广大游客对保安服务的尊敬。

2.礼貌待人，文明执勤　在保安服务中，保安人员必须树立全心全意为游客服务的意识，在执勤中要谦虚谨慎，要做到语言美、仪表美、举止美。保持良好的精神风貌、文明礼貌是保安工作社会性、群众性所决定的，它有助于树立保安人员的良好形象，密切同社会各界的关系。

3.忠于职守,竭诚服务　保安人员应尽自己最大的努力来满足广大游客的安全需求,完成各项保安工作,这是保安人员职业道德之本,也是优秀的保安人员必备的条件之一。要主动、耐心、周到、热情地为游客服务,还必须刻苦钻研业务,掌握高超的防范技能,尽其所能,保证保安服务的完成。

4.信誉至上,确保安全　保安人员要自觉维护企业的形象,确保游客安全。

5.不畏艰险,英勇果断　保安人员在执勤时要发挥自己的主观能动性和聪明才智,热情地工作。在紧要关头,要善于运用正确的策略和方法,与各种不法侵害和违法犯罪斗智斗勇;要有勇于献身的精神,不怕牺牲,坚韧不拔。同时还必须善于保护自己,不做无畏的牺牲,以达到克敌制胜的目的。

三、保安人员的纪律要求

1.一切行动听指挥,服从分配。

2.坚守工作岗位,尽职尽责,不准擅离职守。

3.维护国家、集体、公民的合法权益,保障安全、不损害游客的利益。

4.严格遵守企业的规章制度。

5.不弄虚作假,隐瞒案情,不包庇、纵容违法犯罪;不得非法剥夺、限制他人的人身自由,不非法搜查他人身体、物品、住所和场所。

6.不得辱骂殴打他人;不得敲诈勒索、索取、收受贿赂。

四、保安人员的礼仪规范

合格的保安员应守纪律、有礼节、着装整齐、举止庄重得体。

(一)仪容

1.发型　男保安员蓄发不得露出帽外,不准留大鬓角、不准留胡须,帽檐以下头发不得超过1.5厘米。女保安员发辫不得过肩,不得烫发。

2.服饰　保安员的仪容应庄重、严肃,保安员不能随意追求地方群众的装扮。着制服时不准围围巾、戴手套。女保安员工作时不准戴耳环、项链、戒指和发网、发带等饰品,不得描眉、涂口红、抹胭脂、染指甲。

3.着装　应规范、整洁着装。衣扣要扣好,内衣下摆不得外露。不得挽袖、卷裤腿、披衣、敞怀。衣帽鞋袜要经常洗换,保持干净、平整。

(二)举止

1.坐姿　保安员席地而坐的姿态是:左小腿在右小腿后交叉,迅速坐下,两手自然放在两膝上,上身保持正直。坐在椅、凳上的姿势是:两腿自然并拢,头、颈、胸、腰顺其自然而伸直。那种架着二郎腿,或歪头趴下的姿态,是绝对不允许的。保安人员的坐姿,应有一

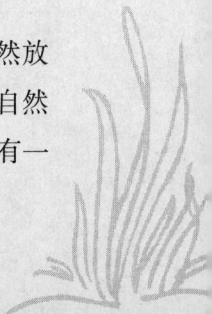

种庄重挺拔、稳如泰山的美感。

2.行姿　保安员行进的基本步法分为齐步、正步和跑步三种。齐步是保安员常用的步法,要求走直线,精神饱满,身体稳当,步伐雄健有力,动作有明显的节奏。保安员在日常执勤时也要注意走路的姿态,不准袖手、背手或将手插在衣袋里,不准边走边吸烟、吃东西,或者边走路边随意说笑。

(三)礼节礼貌

1.遇见领导或上级时,应当敬礼。

2.执行任务时,不准饮酒;在任何情况下不得酗酒滋事。

3.使用礼貌用语,执勤遇到客人时必须做到让道、微笑、问好。

4.有自我约束能力,不违章违纪。

5.服从领导分配、指挥;严格遵守考勤制度。

6.端庄稳重、尽职尽责;有自我管理意识,处理问题要有耐心。

7.对来办事人员,要热情接待,恳切交谈,以礼相送。

8.要尊重民族风俗和群众习惯,不接受群众的接待和馈赠。

第二节　休闲农业企业保安业务概述

一、门卫工作

(一)门卫工作的任务

门卫工作是保安人员依据国家法律和单位规章制度,对进出指定大门的游客、车辆和物资进行安全管理,以维护单位的治安秩序,保障人身和财产安全的业务活动。主要任务是:

1.对出入人员进行严格验证,并依据单位有关会客登记制度严格履行登记手续,严禁无关人员入内。

2.保证人员出入有序无阻,保证进出车辆畅通。

3.配合有关部门做好来人来访接待工作。遇有来访人员确有要事急需办理时,要及时做好传达工作。

4.及时发现治安隐患,堵塞漏洞,健全企业安全防范制度,提高安全防范能力,主动配合公安保卫部门的工作。

(二)门卫工作的基本要求

1.执行制度要严格　好的制度是企业安全管理的基础和起点;保安门卫要严格执行

制度,一切按照章程办事。

2.查验人、物要细致　保安门卫在执勤中不容忽视任何一点可疑的蛛丝马迹,要善于观察。对人的观察,要注意从衣着打扮、动作表情上发现可疑点:动作上是否行动诡秘,左顾右盼。对物的观察,要注意从携带物品名称、型号、形状、气味、体积、包装等情况中发现异常。

3.处理问题要灵活　针对不同性质的问题采取不同的处理方法。一方面,严格把关,对原则性问题不允许随意处理。另一方面,对于非原则性问题有时则不能太认真,太计较,不宜过多地纠缠。

4.上岗执勤要文明　保安是反映单位精神文明程度和服务水平的窗口,因而要特别强调文明执勤。执勤时必须做到服装整洁,仪表端庄,精神饱满,态度和蔼,礼貌待人,办事公道,坚持原则,以理服人。不得擅离职守,不准闲聊打闹,严禁刁难、打骂、欺压客户,严禁粗暴无礼、侮辱人格的行为。

二、守护工作

(一)守护工作的种类

守护工作是指保安人员采取有效措施,对指定的人、财、物、场所以及基地对象所进行的看护和守卫活动。

1.承担各种库房、货场的守护工作。

2.为游客提供守护保安服务。

3.为员工的工作场所、居住场所提供守护服务。

4.为房屋、建筑施工现场等提供守护保安服务。

(二)守护工作的任务

1.保护人身安全　即通过对守护对象的住宅、办公场所的守护而保护人身安全。

2.保护财产安全　其工作重点是做好防火、防盗、防破坏等安全防范工作。

3.维护单位的正常秩序　保安人员通过守护保安服务,为守护范围内的工作及游客的观光旅游等活动创造一个良好的环境和条件,对各种有碍活动顺利进行的情况,尽快采取措施予以劝阻、制止,防止事态扩大、蔓延。

(三)守护工作的基本要求

1.熟记守护目标范围的基本情况。

2.了解掌握守护目标的安全防范情况,如水源、消防器材、报警设施等。

3.熟悉守护区域内的地形、地貌、建筑物等特点。

4.熟练使用保安器材,了解保安守护的重点目标。

5.在安全检查过程中携带登记薄和书写工具,记录守护中发生、发现的情况和处理的

结果。

6.为了便于在发生情况时及时与外界取得联系,保安守护人员应熟悉守护区域内可供使用的电话位置和电话号码,如值班室、友邻单位、当地公安机关、联防治保组织单位的电话号码,火警、盗警等报警电话。

(四)守护工作中几种情况的处置方法

1.守护范围内发生火警

(1)迅速报警,即向消防部门迅速讲明发生火警的单位、地点、着火的是何物品,保安人员要在路口引导消防车辆进入现场,并明确介绍火场情况和水源情况。

(2)迅速切断与灭火无关的电源,关掉煤气总开关,将易燃易爆物品撤离起火现场,按照防火预案,积极有效地组织控制、扑灭初起之火。

(3)注意保护好现场,维护好火场秩序,防止坏人乘机打劫,并积极参加抢救工作。

(4)要积极地向消防和保卫部门提供情况,协助有关部门查找火灾的原因,研究和改进防火安全措施。

2.守护范围内发生盗窃案件

(1)迅速向保卫部门或公安机关报案;主动维护好现场,不准无关人员进入现场;积极向公安机关和保卫部门提供情况。

(2)要注意从检查出入人员证件、携带物品中发现嫌疑目标。

(3)要将抓获的现行犯罪嫌疑人直接扭送当地公安机关。

(4)在押送途中,要防止犯罪嫌疑人逃跑或行凶。

3.守护范围内发生抢劫案件

(1)马上按响报警器报警。

(2)留意匪徒的容貌、人数,有无武器和汽车接应,弄清楚接应车辆牌照号及逃走方向。

(3)通知单位主管及相关部门。

(4)尽量不接触任何物品,保护好事发现场。

(5)查看现场是否仍有匪徒。

(6)有受伤者应照顾受伤者,并拨打急救电话。

(7)案发后禁止任何人员在警方人员到达现场前接触事发现场物品。

(8)当警方人员抵达现场场所,应尽可能详细地向警方提供所有情况。

4.守护范围内停电

(1)若电力公司预先通知守护单位暂时停电,应立即将详情和有关文件呈交主管。

(2)请单位主管通知相关部门做好停电准备并安排电工值班。

(3)将有关停电通知预先张贴在明显处。

(4)当供电恢复时,保安员应检查守护范围内所有电器的正常工作情况,如有损坏,

须立即报告主管,安排修理。

(5)保安人员值班时必须随时准备好电筒和其他照明物品,以便晚间突然发生停电时使用。

三、巡逻工作

(一)巡逻工作的概念及特点

保安巡逻是保安人员在一定范围内或区域内巡回观察周围的各种治安情况,发现、纠正和处置各种扰乱公共秩序,妨碍公共安全的各种违法犯罪行为。其特点是:

1.目标范围大 保安人员要在较大的厂区、作业区、施工工地进行巡逻警戒,是多目标、大范围的运动式守卫。

2.不确定因素多 保安巡逻的目标范围大,巡逻过程中就会遇到许多复杂情况,甚至有预想不到的突发性事件。这种不确定因素,时常出现在保安巡逻的过程中。这就需要保安人员有选择、有重点地对治安情况复杂、容易发生问题的场所以及财物集中的重点部位进行巡查警戒。

3.动态管理明显 保安巡逻是一种动态管理,它在较长的战线上,需要全面了解被保护目标和范围的基本情况,并针对有关问题加强和实施各种安全措施。为了保证单位的安全,保安巡逻人员一般采用徒步或骑车的方式,围绕有关场所、部位、路段进行巡回游动。

4.特定性 保安巡逻的范围是特定的,目的也是特定的,仅仅是维护单位的安全。

5.主动性 保安巡逻是"主动进攻式"的守卫,它通过巡逻观察,主动发现问题,消除不安全因素。

(二)巡逻工作的任务

1.维护巡逻区域内和保护目标周围的正常治安秩序。

2.预防、发现、制止各种违法犯罪行为 保安巡逻作为一项专门业务活动,为了保证巡逻区域内的正常秩序和人、财、物的安全,必须充分利用巡逻对时空控制的有利条件,堵塞各种违法犯罪活动的空隙,提高预防、发现、制止各种违法犯罪行为的能力,防止各种危害的发生。

3.及时发现各种可疑情况,抓获现行违法犯罪嫌疑人 执行巡逻任务的保安人员,对可能影响巡逻区域、守护目标安全的可疑迹象,都应纳入视线,细心观察,提高警惕;对有违法犯罪嫌疑的人员要进行必要的盘查,搞清其身份,查清疑点。个别嫌疑重大,一时难以搞清的可以扭送保卫部门或公安机关审查处理。在巡逻中发现有现行违法犯罪行为的人,应毫不犹豫地将其抓获,送交公安机关、保卫部门处理。

4.检查、发现防范方面的漏洞 执行巡逻任务的保安人员,一方面要针对巡逻范围和

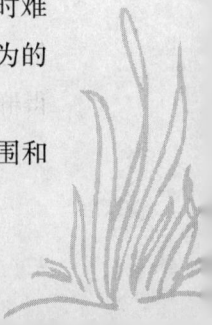

保护目标的特点,认真负责,切实做好防火,维护良好的治安秩序;另一方面,要针对不同场所、不同部位在防范方面存在的某些漏洞,认真检查,及时发现,并提出改进意见。

5.突发事件或意外事故的处理　在巡逻范围内,一旦发生突发性事件或意外事故,巡逻人员要全力维护好现场秩序,协助有关方面做好人员、物资抢救工作和对群众进行劝导、教育、疏散等平息事态的工作,并注意发现故意煽动闹事的人。

（三）巡逻工作的基本要求

1.坚持"预防为主,确保重点,加强协作,确保安全"的原则,提高巡逻的效果和质量。

2.在时空控制上应注意系统管理,明确巡逻的重点时间和重点部位,安排好路线和时间,做到时空不断档,使整个保护目标始终处于巡逻人员控制之下。

3.要经常结合治安方面的新动向,根据一个时期巡逻中应注意的问题和应加强的方面,及时调整力量和改变巡逻方法。

4.要增强敌情观念,在巡逻中细心观察,不忽视一点儿可疑迹象,不放过任何应该解决、处理的问题,夜间巡逻要更加注意行人、车辆的可疑点以及不正常的烟气、火光等。

四、现场保护

现场是指案件或事故发生的地点和留有与案件、事故有关痕迹物证的一切场所。保护现场是为公安机关收集痕迹物证创造良好条件,为正确地分析案件、事故现场提供客观依据,同时也有利于保护现场和勘查工作的秘密,因此,保安员在执勤的区域内,一旦发生案件或事故,要积极主动地配合有关方面做好案件或事故现场的保护工作,要根据现场保护的规定和要求,实施现场保护。

（一）对现场保护人员的要求

1.保护现场的保安人员要有高度的责任感,工作必须认真细致。

2.要有严明的组织纪律观念,并严格按照现场保护要求履行职责,不能随便进入现场,更不能随意触动、触摸、移动和拿用现场的任何物品。

3.要注意保守现场的秘密,不得随便向无关人员泄露现场发现的与犯罪或事故有关的痕迹物证情况。

4.提高处置紧急情况的能力,对于遇到的各种紧急情况,如涉及急救、抢救以及对某些重要痕迹的特殊保护,均应沉着、机警,迅速采取果断措施,既达到抢救的目的,又切实起到对现场的保护作用,同时也不错过追捕犯罪嫌疑人的机会。

5.做好宣传教育和发动依靠群众的工作。大多数群众对现场保护的方法和意义不了解,无意中破坏现场的情况屡有发生。保安人员应有针对性地向围观群众宣传教育,以取得群众的理解、支持和配合,从而为现场提供更多、更有利的方便条件。

(二)保护现场的方法

1.室内现场的保护

(1)封锁现场的进出口通道。

(2)封锁现场的周围地带。

(3)在实施封闭措施时,注意门窗或门锁、窗户插销上的痕迹是否遭到破坏。

(4)如遇刮风、下雨、下雪或现场内有特殊气味,需关闭门窗,对现场进行保护时,应注意不要接触门窗把手、拉手等,防止这些部位的痕迹遭到破坏。

(5)对发生在办公楼、车间、库房等室内的案件,在对现场通道实施封锁时,注意对有双向通道的房屋实行全部封锁。

(6)对于发生在楼房中的案件,一般是在房间外面设岗警戒,保安人员的站立也尽可能与房门保持一定的距离。

2.露天院落的保护

(1)借助院墙或栅栏等物为天然屏障,在院墙或栅栏外围布置警戒,禁止无关人员出入。

(2)对于可进入院内的通道,如院门、院墙上的缺口,还要设岗进行重点看护,防止无关人员进入现场。

(3)动员群众暂时离开现场。

(4)要特别防止家禽、家畜对现场的破坏。

(5)遇到天气变化,应想方设法对现场上的痕迹、物证妥善保护。

3.对治安案件现场的保护

(1)对流氓滋事、故意殴打伤害他人的案件现场,要注意收集和保护各种痕迹、物证。

(2)对扰乱公共秩序的案件现场,收集和保护其具体行为造成的人员伤亡及其他客体损失的后果。比如,毁坏的公私财物。

(3)对哄抢案件现场,要收集和保护被哄抢物的具体损失程度及哄抢的具体现状。

4.对意外事件现场的保护 意外事件虽然构不成犯罪,但在具体现场勘验之前,必须像对待犯罪现场一样,认真保护。只有经过认真的现场勘验和检查,才能最后认定是犯罪案件还是意外事件。具体保护措施可参照对犯罪现场的保护进行。

5.对自然灾害事故现场的保护 自然灾害事故现场虽然与犯罪无关,但对调查、了解事故的发生原因、规模、损失的程度以及今后的防灾抗灾有积极作用。所以对其现场理应同样认真保护。此外,保护其现场的另一个主要任务是警戒危险区,防止不知情人员随意进入,以免造成更严重的灾害伤亡事故损失。

第三节 休闲农业企业保安员的安全知识

一、防火与灭火

(一)火的起因

1.燃烧与燃烧现象

燃烧,俗称"起火""着火",是物质产生的一种放热发光的化学反应,这种放热发光的化学反应,就叫做燃烧。燃烧具有三个特征:一是发光,二是放热,三是有新的物质生成。

燃烧可分为多种类型,如闪燃、着火、自燃、爆炸等。各类燃烧都具有独特性。应根据燃烧的不同类型选择不同的灭火方法。每一种物质的燃烧,由于燃烧的本身性质不同和燃烧条件不同,故生成的物质和物质现象也会不同。在消防工作中,燃烧现象可以帮助我们了解、掌握和判断所燃烧的物质及燃烧的条件,以便采取相应的消防灭火措施。

2.燃烧的条件

燃烧必须具备一定的条件,这些条件是:

(1)可燃物 凡是在空气中能燃烧的物质,这些物质既可以是固体,也可以是液体,还可以是气体。总之,凡是能与空气中的氧或其他氧化剂起剧烈化学反应的物质,一般均可称为可燃物。如木材、纸张、棉花、汽油、酒精、乙炔、钾、钠、镁等都是可燃物。

(2)助燃物 即有帮助和支持燃烧作用的物质,都叫做助燃物质。如空气、氧气、高氯酸钾、高锰酸钾、过氧化钠等。

(3)着火源 即可点燃火的能源。如明火,摩擦或撞击所产生的热能、化学能、聚光能、电火花等。凡能引起或导致可燃物燃烧的能源,均可叫做着火源。燃烧的形成必须具备上述三个要素,但是,它还要受数量的制约,即可燃物的数量不足、氧气不足或火源热量、温度不够,燃烧也不能形成。

因此,燃烧形成的条件是:

①具有一定数量的可燃物质。

②具有一定数量的氧气或氧化剂。

③达到一定温度和热量的着火源。燃烧的条件必须同时具备,相互作用,才能形成燃烧。

3.火灾的分类

根据火灾燃烧性质的不同,可将其分为4种:

（1）固体火灾　指纸类、木材、纤维等固体可燃物燃烧引起的火灾，是最普通和常见的火灾。

（2）液体火灾　油脂及液体燃烧引起的火灾。例如酒精、乙醚、汽油、食用油、液体油漆等可燃物燃烧而形成的火灾。

（3）气体火灾　指易燃、可燃气体燃烧形成的火灾。

（4）特殊火灾　指金属钠、钾、镁等可燃金属燃烧发生的火灾。因这类金属燃烧时，不但形成高温，且具有很强的还原力，能使普通灭火剂失去灭火效力，因此必须依金属的种类和性质，选择特殊的灭火剂才能奏效，故称其为特殊火灾。

(二)灭火的基本方法

即根据起火物质燃烧的状态和方式，为破坏已经产生的燃烧条件或使燃烧连锁反应中止所采取的基本措施。具体有以下4种。

1.冷却灭火法　根据物质燃烧时必须达到一定的温度这个条件，扑救火灾时将灭火剂直接喷洒在可燃物上，通过吸热降温，使可燃物的温度降低到燃点以下，从而使燃烧停止；或者将灭火剂喷洒到火源附近的物体上，使其不受火焰辐射热的威胁，避免形成新的火点而使火灾进一步蔓延。冷却法是灭火的主要方法，常用水和二氧化碳冷却降温灭火。

2.隔离灭火法　根据燃烧必须有可燃物这个条件，扑救火灾时把着火的物质和周围未燃烧的物质隔离开，使火灾因没有可燃物而停止。通常采用的方式有关闭可燃气体、液体管道的阀门，阻止可燃物质进入燃烧区；拆除与火源相毗连的易燃建筑物，造成阻止火势蔓延的空间地带；将火源附近的可燃、易燃、易爆和助燃的物品搬走；设法阻挡流散的易燃可燃液体等。

3.窒息法　根据燃烧必须具有助燃物这个条件，扑救火灾时可设法隔绝空气或稀释燃烧区的空气含氧量，使可燃物得不到足够的氧气而熄灭。如用不燃物或难燃物捂盖燃烧物；用水蒸气或惰性气体灌注容器口设备；封闭起火的建筑、设备的孔洞；把不燃的气体或液体喷洒到燃烧物上，或用泡沫覆盖燃烧面使之得不到新鲜空气而窒息等。这种方法，适用于扑救封闭式的空间、生产设备装置及容器内的火灾。

4.抵制灭火法　根据燃烧的游离基连锁反应机理，使灭火剂参与燃烧的连锁反应，抵制火焰，使燃烧过程中产生的游离基消失，从而导致燃烧停止。常见的灭火剂有1211、1301、干粉等。灭火时，一定要将足够数量的灭火剂准确地喷射在燃烧区内，使灭火剂参与和阻断燃烧反应，否则将起不到抑制燃烧反应的作用。

扑救火灾时，具体要采取哪一种方法灭火，应当根据燃烧物质的性质、状态、燃烧特点和火场的具体情况以及灭火器材装备的性能等来确定。

（三）常用灭火剂的特性与灭火器的使用

灭火剂，是指能够有效地破坏燃烧条件从而中止燃烧的物质。灭火剂通常具有冷却、隔离、窒息、抑制激离基生成的作用。常用的有水、泡沫、干粉、二氧化碳、卤代烷系列灭火剂等。灭火器是扑救初起火灾最常用的灭火器材。常用灭火器材分手提式和推车式两类，使用最普通的是手提式。手提式灭火器是指在内部压力作用下，将所充装的灭火剂喷出，扑救初起火灾，并能手提移动的灭火器材。灭火器可分五类，即水型灭火器、泡沫型灭火器、干粉型灭火器、二氧化碳灭火器和卤代烷型灭火器。

1.水灭火剂和水型灭火器

水是一种最常见的灭火剂，用它扑救火灾的器械有水桶、消防车、手抬机动泵等，这些工具均可称灭火器，水为不燃液体，来源丰富，取用方便，是应用最广泛的天然灭火剂。水能灭火最主要原因是能起冷却作用，把水喷射到燃烧物上，水能吸收大量的热量，使燃烧物温度降低，当温度降低到该物质的燃点以下，火即熄灭。水有稀释作用，当水吸收热量后，产生大量的水蒸气，可以阻止空气进入燃烧区，减少燃烧区氧的含量，也可以稀释可燃气体的浓度，降低燃烧的强度。此外，加压的密集水流，对燃烧物质有强烈的冲击作用，也可以使火焰中断而熄灭。

水作为灭火剂，在实际灭火中，常以加压密集水瓶、雾状水和水蒸气三种形式出现，可以扑救任何建筑火灾和一般物质的火灾。但有些物质着火不能用水扑救，如高压电器火灾，贵重资料和文物起火，浓硫酸起火，遇水燃烧物质起火，锌粉和铝粉等可燃粉尘起火等。

2.泡沫灭火剂和泡沫灭火器

泡沫灭火剂是指能够与水混溶，并可通过化学反应或机械作用产生灭火泡沫的灭火剂。泡沫灭火作用主要是覆盖窒息作用，也有一定的冷却灭火作用。泡沫比重轻，能迅速流散和漂浮在着火的表面上，形成一层严密的覆盖层，起到窒息灭火作用。同时，泡沫能够吸收一定的热量，起到冷却灭火的作用。泡沫灭火剂可以用来扑救石油类产品及其他许多油类火灾，也可以用来扑救一般固体物质的火灾，但不能用于扑救带电设备和遇水发生化学反应生成可燃或有毒气体的物质火灾。按照生成泡沫的机理，泡沫灭火剂可以分为化学泡沫灭火剂和空气泡沫灭火剂2种类型。

常用手提式泡沫灭火器M四型为化学泡沫灭火器，它是通过筒内的酸性溶液和碱性溶液混合后发生化学反应，喷射出泡沫。使用时颠倒筒身，使瓶胆内的酸性溶液与筒体内的碱性溶液混合，泡沫即从喷嘴喷出。使用时，灭火器的筒盖和底部不能朝向人，以防万一爆炸伤人。如果灭火器已经颠倒，泡沫喷不出来，应将筒身平放在地上，用铁丝疏通喷嘴，切不可旋开筒盖，以防筒盖飞出伤人。扑救可燃液体火灾时，喷射角度要小，切忌直射，以免使燃烧的液体飞溅，影响灭火效果。喷射的泡沫一定要从一端逐渐使泡沫覆盖火

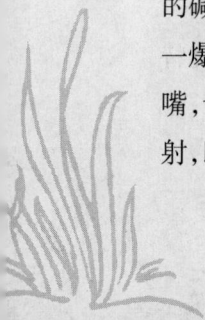

面才能起到良好灭火效果，不能随意乱喷射。泡沫灭火器的药剂一般每年调换一次。灭火器要放在明显的、容易取拿的位置，不要放在高温、潮湿的地方，防止受热药剂失效或灭火器筒身锈蚀损坏。

3.干粉灭火剂与干粉灭火器

干粉灭火剂是一种干燥的、易于流动的微细固体粉末。干粉能抑制燃烧的连锁反应中游离基的生成，中断连锁反应，使燃烧停止。大量粉雾的喷出，包围了火焰，也有覆盖、冷却的作用。干粉灭火剂具有灭火效力大、速度快、无毒性、不腐蚀、不导电和久贮不变质等优点，是应用广泛的一类灭火剂，适宜扑救一般固体、易燃可燃液体、气体火灾，也可用于扑救电气设备火灾，但不适合扑救精密仪器设备和贵重电气设备火灾，因为尽管可以扑灭火灾，但残存的余粉很难清除干净，致使设备丧失精密度和被腐蚀。

干粉灭火器是以高压二氧化碳气体作为动力喷射干粉的灭火器具。以常见的 MF 手提式干粉灭火器为例，使用前可将干粉灭火器颠倒摇动几次，使干粉松动。使用时打开保险铅封，再拉动拉环，拉环连接的穿针即将二氧化碳瓶口的密封膜穿破，高压二氧化碳气体沿着气管进入筒内，将筒内的干粉喷出。干粉的喷射时间很短，要选择好喷射目标。由于干粉容易飘散，因此不宜逆风喷射。扑救液体火灾时，不要使干粉冲到液面，以防止液体飞溅，造成扑救困难。干粉灭火器要放置在被保护物体附近和干燥通风及取用方便的地方，要防止受潮。要按铭牌要求的时间定时检查铅封是否完好，气压是否符合标准，干粉是否结块，以确保使用安全、有效。

4.二氧化碳灭火剂与二氧化碳灭火器

二氧化碳灭火剂是液化气体型灭火剂，主要利用二氧化碳的窒息作用和液化二氧化碳升华吸热而起的冷却作用进行灭火。扑救火灾时，二氧化碳的释放能够稀释空气、减少空气中的含氧量，降低燃烧强度，当二氧化碳的浓度达到一定程度时，能使燃烧物质熄灭。二氧化碳灭火剂是以液态罐装在钢瓶内的，当液态的二氧化碳从钢瓶放出后，迅速蒸发变为气体，并吸收大量的热量，所以具有一定的冷却灭火作用。此外，二氧化碳气体比重较空气重，扑救火灾时具有一定的隔绝空气的作用。二氧化碳灭火剂不导电、不腐蚀、不污损仪器设备，适用于扑救电器设备火灾、精密仪器设备火灾、图书档案火灾。但不能用于扑救金属钠、钾、镁、铝和金属氢化物火灾，因为这些活跃金属能夺取二氧化碳中的氧而继续燃烧。

常见的二氧化碳灭火器有手轮式和鸭嘴式两种。使用手轮式灭火器，先去掉铅封，然后按逆时针方向旋转手轮，即可喷出二氧化碳。鸭嘴式，先拔掉保险，然后压紧压把，二氧化碳即从喇叭筒喷出，手要握在喇叭筒的手柄处，而不可直接触及喇叭筒，以防冻伤。二氧化碳气体尽管对人没有毒，但量多，也会使人感到窒息，甚至死亡，因而切勿逆风使用，在空气不流通的场所，要及时通风。二氧化碳灭火器应放在明显、取用方便的地方，不要

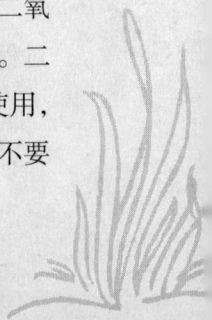

放置在高温或阳光直射的环境中,要按灭火器铭牌上的保存期定时更换、检修和测试。

5.卤代烷灭火剂与1211灭火器

卤代烷灭火剂的灭火作用主要是抑制游离基的生成,使燃烧的连锁反应中断,燃烧停止。卤代烷是由卤素原子取代烷烃分子中部分或全部氢原子后得到的一类有机化合物的总称。一些低级烷烃卤代物具有不同程度的灭火性能,故统称为卤代烷灭火剂。此类灭火剂,灭火效力高,灭火后不留残渣、痕迹,不导电,久贮不变质,是一种比较理想的灭火剂。但是此类灭火剂的释放会破坏大气中臭氧层,危害生态环境,人类将逐步淘汰此类灭火剂。

目前国内生产和使用较多的为1211灭火器。使用时,首先要拔掉安全销,然后握紧压把开关,在氮气压力的作用下,1211药剂从喷嘴喷出。喷射时人要站在上风处,接近着火点,将喷嘴对准火源要部左右扫射,并快速向前推进,要防止回火复燃。使用时应垂直操作,不可平放和颠倒使用。在密闭或通风不好的场所应用,人员应先行撤离,以免中毒。灭火器应放在取用方便、清洁干燥的地方,严禁曝晒和靠近热源。要按铭牌要求定期检查。

（四）消防设施

消防设施是专用设施,保安人员必须对其所放置的位置和功能及使用方法有清楚的了解。消防设施,主要是由消防供水系统、自动喷水灭火系统、消防监测报警系统和消防器材四个方面组成。

消防设施主要以消防供水系统最为重要。消防供水系统主要包括室外供水系统和室内供水系统。

室外消防供水系统,它包括消防水池、消防水泵、消防水管及室外消防栓以及在酒店一定间距(一般为70米)内的固定位置设置的消防水带箱。消防水带箱内装有消防栓、消防水带、火灾报警按钮等。

室内消防供水系统,主要由进水管、阀门、消防栓箱、消防水管、消防水泵结合器、气体供水装置等组成。

消火栓箱内装有消防栓、消防水喉、火灾报警按钮、水带、接口、水轮等。

二、危险物品

（一）危险品的概念

危险品是指具有燃烧、爆炸、腐蚀、剧毒、放射等性质,在生产、贮存、运输、销售、使用过程中,易引起人身伤亡或财务损毁的物品。

公安机关所指的危险物品,既指能引起生命机体重大损伤或死亡,造成物质财富毁灭,导致人们心理恐惧,危害社会安宁,带有很大破坏性,又是指人们在生产生活过程中

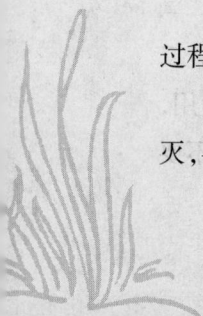

不可缺少的物品。例如,炸药、雷管有很强的破坏力和杀伤力,但在采矿、修路筑桥等方面又有很广泛的用途;剧毒物品在化工生产和配制农药方面是不可缺少的原料;放射性物品在医疗、科研、地质勘探等方面都有很重要的用途。因此,对这些物品必须严格按照国家有关危险物品管理规定严格管理。

(二)危险物品的种类

危险物品的种类繁多,性能各异,使用范围很广,没有统一的危险物品名单,公安机关不可能把全部危险物品纳入治安管理之中,根据国家有关法规规定,在危险物品中,由公安机关进行监督管理的,主要有非军事系统的各种枪支弹药,列入管理的刀具,民用爆炸物品、易燃化学物品、剧毒物品和放射性物品等。对这些危险物品管理不善,就可能发生人身伤亡,财产毁损等事故;如果流散、丢失、被盗而被违法犯罪分子利用,就会对社会治安造成极大的危害,影响社会主义现代建设事业的顺利进行。

(三)危险物品的特征

危险物品在外界条件作用下,容易发生燃烧、爆炸、中毒等,具有很强的杀伤力和破坏力。它的主要特征有:

1.具有体积小、能量大,破坏性、毒害性、腐蚀性强的特点

危险物品常常以微小的剂量和体积达到严重的破坏效果,是其他物品所不能及的。一粒子弹很小,重量也很轻,但在几百米之外发射就可以杀伤人命;1克氰化物能够夺去人的生命;一个雷管看起来不是很显眼,身上随处可藏,但爆炸威力却不小,可以毁坏汽车、火车、建筑物,在人群密集的地方会引起很大人身伤亡。正是因为危险物品体积小、重量轻、便于携带、使用方便,容易被违法犯罪分子利用作为作案工具。

2.在生产、贮存、运输、使用过程中有较大的危险性

危险物品,尤其是化学危险性物品比较敏感,性能不稳定,在生产、使用的各个环节中如果不小心,或者违反操作规程,不遵循安全管理制度等,就很可能发生安全事故,造成财物损失,人员伤亡。在贮存中超过设计容量贮存或者将性质相抵触的爆炸物品同库存放,在运输中使用不符合规定的运载工具或人货混装、超量装载等,均有可能因挤压、撞击而发生爆炸。例如,在使用炸药进行爆破作业时,如果不按规定要求装药、点炮,处理哑炮不当或用药量过大,就有可能危及人畜生命安全和毁坏周围的建筑物、工程设施和农田庄稼。

(四)危险物品的处置原则

由于危险物品具有爆炸性、燃烧性、腐蚀性,放射性毒害等性能,而且其性能多不稳定,易受外界环境影响,极不稳定,一旦发生作用,就会造成大破坏和严重杀伤,因此,对危险物品的处置一定要谨慎小心,不能莽撞冲动,否则就会给国家和人民群众的生命财产带来损失。在发现危险物品后要遵循以下几点原则。

1.维护现场秩序

发现危险物品时,由于人们的好奇心理,易在现场周围形成围观人群。如果危险物品系爆炸物品、有毒气体、放射性物品等,就很容易因拥挤发生治安灾害事故,造成人员伤亡。如果是在繁华地带和交通要道,还可能造成交通堵塞。而且人多复杂,易造成对现场的破坏,不利于以后调查工作的进行,因此,保安人员要维护好现场秩序。

2.保护发现地点的原始状态

在维护现场秩序的同时,保安人员还要正确划定现场保护范围,坚决禁止无关人员进入保护区范围内,尽可能使危险物品发现地点、场所保持原始状态,从而为公安部门的勘查人员提供原始现场状态。

3.及时、客观汇报有关情况

保安人员一旦发现危险物品,在采取必要措施的同时,要迅速、准确地向有关部门汇报情况,要将发现危险物品的地点、种类、数量、性质及现场情况一一汇报清楚,以便有关部门采取相对应的措施。

(五)危险物品的处置方法

保安人员在发现危险物品后,首先要向有关部门汇报情况,同时在危险物品的周围布置警戒,防止造成和扩大危害。同时注意现场动态,收集群众反映,看是否有可疑人员进出现场,协助公安机关进行处置,针对发现的危险物品不同,要采取不同的处置方法。

1.剧毒物品的处置方法

(1)布置现场警戒　保安人员发现剧毒物品,要迅速向有关部门汇报,同时根据周围情形,迅速划出警戒保护圈。为保证抢救现场的通畅,警戒区要尽可能大一些,严禁一切非抢险车辆和人员进入。这样即保护现场不被破坏,又防止造成无谓的人员伤亡。注意一定不要让任何人触摸有毒或怀疑有毒的物品。

(2)将投毒嫌疑人扭送到当地公安局　发现正在投毒或有投毒嫌疑的,应立即扭送到当地公安机关处理。

2.爆炸物品的处置方法

保安人员在执勤过程中,如果发现爆炸物品,应根据不同情况,予以紧急处置。

(1)对可能爆炸的,应立即报告公安机关,让专业人员进行鉴定和排爆,切不可自行动手排爆。禁止任何人用手或其他物体触摸,现场禁止吸烟。动员和组织群众远离现场,将附近易燃、易爆物品迅速转移至安全地带。

(2)对群众指证的投放爆炸物的可疑人员,应扭送到公安机关审查,同时,动员指证人一起到公安机关作证。

3.瓦斯、燃气泄漏事件的处置方法

(1)保安员在平时巡逻时应提高警惕,遇有不寻常气体味道时,应小心处理。当接到

怀疑泄漏易燃气体报告时,应立即通知单位主管领导尽快到现场查看究竟。

（2）抵达现场后,要谨慎行事,敲门进入后,不可开灯开风扇及任何电器,必须立即打开所有窗门,关闭煤气或石油气阀,严禁现场吸烟。

（3）通知所有人离开现场,等有关人员到场检查,劝阻围观人员撤离现场。

（4）如发现有受伤不适者,应小心妥善处理,等待救护人员及警务人员抵达现场。

（5）对煤气及石油气总阀的位置和开关方法应了解和掌握。

参考文献

[1]郭焕成,吕明伟,等.休闲农业与乡村旅游发展工作手册.北京:中国建筑工业出版社,2008

[2]徐峰,王婧.园林绿化工培训教材.北京:金盾出版社,2008

[3]劳动和社会保障部教材办公室.国家职业培训教材·绿化工(初级).北京:中国社会劳动保障出版社,2005

[4]劳动和社会保障部教材办公室.国家职业培训教材·绿化工(中级).北京:中国社会劳动保障出版社,2005

[5]劳动和社会保障部教材办公室.国家职业培训教材·绿化工(高级).北京:中国社会劳动保障出版社,2005

[6]宁夏回族自治区导游人员资格考试教材编写委员会.导游业务.2005

[7]中央农业广播电视学校.保安员.北京:中国农业大学出版社,2005